Wolfgang Ullrich
Der kreative Mensch

Wolfgang Ullrich

Der kreative Mensch

Streit um eine Idee

Aus der Reihe »UNRUHE BEWAHREN«

Residenz Verlag

Unruhe bewahren – Frühlingsvorlesung & Herbstvorlesung.
Eine Veranstaltung der Akademie Graz in Kooperation mit dem
Literaturhaus Graz und DIE PRESSE.

Die Herbstvorlesung 2015 zum Thema »Der kreative Mensch«
fand am 3. und 4. November 2015 im Literaturhaus Graz statt.

Fotonachweis
Abb 1: Bruce Nauman: Self-Portrait as a Fountain, Fotografie, 50 × 59 cm,
1966/67, © Bruce Nauman/Bildrecht, Wien, 2016
Abb 2: David Hockney: The Arrival of Spring in Woldgate, East Yorkshire in
2011 (twentyeleven) – 12 April, No. 2, »iPad drawing printed on paper, Edition
of 25, 5 × 41 1/2«, © David Hockney
Abb. 3–6: Archiv des Autors

Bibliografische Information der Deutschen Nationalbibliothek
Die Deutsche Nationalbibliothek verzeichnet diese Publikation
in der Deutschen Nationalbibliografie; detaillierte bibliografische Daten
sind im Internet über http://dnb.dnb.de abrufbar.

www.residenzverlag.at

Dank für die Unterstützung an das Literaturhaus Graz   literatur h aus graz

2016 Residenz Verlag GmbH
Salzburg – Wien

Alle Rechte, insbesondere das des auszugsweisen Abdrucks
und das der fotomechanischen Wiedergabe, vorbehalten.

Redaktion: Harald Klauhs, Astrid Kury
Wissenschaftliche Beratung: Thomas Macho, Peter Strasser
Umschlaggestaltung: Kurt Dornig
Grafische Gestaltung, Satz: Ekke Wolf, typic.at
Gesamtherstellung: CPI books GmbH, Leck

ISBN 978-3-7017-3388-0

Inhalt

Prolog: Joseph Beuys und Jonathan Meese
streiten über Kreativität   7

Die lange Vorgeschichte der Idee vom
kreativen Menschen   15

Die Durchsetzung der Idee vom
kreativen Menschen   25

Die Inspirationsbedürftigkeit
des kreativen Menschen   36

Künstler als Musen   48

Vom Werkstolz zum Netzwerkstolz   61

Rebloggen als Kulturtechnik des
Kreativitätsdispositivs   74

Öffnen, um zu inspirieren 85

Museen als Kreativitätsagenturen 94

Epilog: Die Übungen von Julia Cameron
und Ignatius von Loyola 104

Anmerkungen 113

Prolog: Joseph Beuys und Jonathan Meese streiten über Kreativität

Die meisten Meinungsunterschiede werden nie ausgetragen. Oder die möglichen Kontrahenten verpassen sich knapp. So auch Joseph Beuys und Jonathan Meese. Hätte der eine etwas länger gelebt oder wäre der andere ein paar Jahre früher geboren, wären sie vermutlich in einen heftigen Streit geraten, der schließlich auch andere, nicht nur Künstler, zum Eingreifen veranlasst hätte und der in Feuilletons, auf Kongressen und später in Sammelbänden fortgesetzt und bilanziert worden wäre. Für viele Intellektuelle wäre es auf Jahre hinaus kaum vermeidbar gewesen, sich entweder auf die eine oder die andere Seite zu schlagen. Fraglos hätte der Streit das Potenzial gehabt, mentale Verschiebungen zu bewirken, neue Oppositionen zu schaffen und ungeahnte Allianzen zu stiften. Er wäre als »Kreativitätsstreit« in Erinnerung geblieben.

So aber gibt es nur ein paar Bemerkungen Meeses zu Beuys, innerhalb einer Rede im Berliner *Renaissance-Theater*, rund zwei Jahrzehnte nach dessen Tod. Er wirft

Beuys darin »radikalsten Hochverrat« vor, weil er »die Kunst der Politik unterjubeln« wollte. Tatsächlich ging es Beuys darum, das von ihm als kalt und entfremdend empfundene politische System mit Hilfe der gestalterischen Kräfte möglichst vieler und möglichst verschiedener Menschen neu zu beleben, ja zu revolutionieren. Er gründete dafür sogar eine Partei, in der sich die kreativen Potenziale verdichten sollten. Ferner beschwor er die direkte Demokratie, um die schöpferischen Fähigkeiten der Menschen ohne institutionelle Umwege in die Gesellschaft einzuspeisen, und erklärte schließlich sogar jeden Menschen zum Künstler und die Gesellschaft insgesamt zur sozialen Plastik. Damit wollte er eine Vorstellung von der gewaltigen, aber weitgehend brachliegenden Macht menschlicher Kreativität vermitteln.

Das alles ist für Meese hingegen nur ein »mickriger Kampf« und stellt eine Instrumentalisierung und Pervertierung der Kunst dar. Zwar erkennt er Beuys als »Ultracharismatiker« an, sieht in ihm aber einen »Zombie«, der sich »fest im Griff« seines »diktatorischen mickrigen kleinen Ich« befinde, das ihm einrede, dass der Mensch »die Krone der Schöpfung« sei und sich selbst verwirklichen müsse. Meese hält dem schroff entgegen: »Schöpfung, das gibt's doch gar nicht, das ist ein Märchen, ja, der Mensch hat nichts zu schöpfen, Gott auch nicht, niemand. [...] Es geht nicht um Talente, Können Wissen.«[1]

In zahlreichen anderen Reden und Manifesten kommt Meese auf dasselbe Thema zu sprechen und rechnet mit dem ab, was er wahlweise »Kreativfaschismus« oder »ICH-Fanatismus« nennt.² Er empfindet es als Anmaßung, wenn Menschen sich als kreativ wahrnehmen und darauf gar noch etwas einbilden. Für ihn ist klar, dass ein Mensch »absolut nichts aus seinem Inneren schöpfen« kann – »außer Selbstgerechtigkeit«.³ Sofern der Mensch zu eigenen Schöpfungen unfähig ist, lässt sich auch »›Selbstverwirklichung‹ […] nur auf Kosten anderer […] haben«. »Freiheit des Menschen ist immer ›Verbrechen gegen Andere‹«,⁴ deklariert Meese und spricht von den Kreativen als einem »Herrenvolk« und einer »Herrenrasse«.⁵ Kunst hingegen sei nur möglich in einem Raum, der »›schamanismusfrei‹, ›priesterfrei‹, ›gurufrei‹ und ›geniefrei‹« sei, wie er, vermutlich in direkter Anspielung auf Beuys und dessen öffentliches Erscheinungsbild, weiter ausführt.⁶ Ohnehin sei es die Voraussetzung für Kunst, dass vom Menschen abstrahiert werde; dieser dürfe nicht »zum Maß aller Dinge gemacht« werden,⁷ würde er doch, da er »die Kreativität bejubelt, […] unablässig im eigenen Saft [schmoren] bis zum Jüngsten Tag.«⁸ »Der Mensch hat sich leider mit ›Demokratie‹ und ›Individualismus‹ ein totales Ei gelegt. Der kreative Mensch ist immer nur daran interessiert, wie er bei einer Sache wegkommt, es geht also um nichts, nur um die eigene Haut.«⁹

Ist Meeses Menschenbild ernüchternd und von Misstrauen, gar von Misanthropie geprägt, so darf man in Beuys einen Humanisten sehen, der den Menschen in das Zentrum seines Agierens stellt, weil er ihm viel zutraut, zugleich aber davon überzeugt ist, dass er in seiner Entwicklung bisher hinter dem ihm Möglichen zurückbleibt. Mehr noch als Humanist ist Beuys jedoch Christ. Daher denkt er den Menschen nicht nur als Gottes Geschöpf, sondern auch als Gottes Ebenbild. Das aber bedeutet für ihn, dass der Mensch seinerseits über schöpferische Kräfte verfügt. Die Aussage, jeder Mensch sei Künstler, heißt bei Beuys also ebenso sehr, in jedem stecke »eine Art Kreator«. Deshalb fordert er auch, »dass der Mensch in den Mittelpunkt rückt, indem er sich allmählich als eine Art Gott erkennt«.[10]

Seine Bestimmung erfüllt der Mensch aus Beuys' Sicht erst dann, wenn er mit der eigenen Göttlichkeit auch die eigene Freiheit ernst nimmt und seine Fähigkeiten auslebt. Der derart zum Schöpfer gewordene Mensch ist von Gott unabhängig und nicht länger auf ihn angewiesen. Wie Gott für sein Schöpfungswerk keines externen Beistands bedurfte, so soll sich auch der Mensch als auf sich allein gestellt begreifen. In einer – aus theologischer Sicht – gewaltigen heilsgeschichtlichen Spekulation spricht Beuys davon, der Mensch habe nicht mehr aus »geschenkter Kraft, sondern aus eigener Kraft, d. h. aus der Kraft des Selbst, des Ich« heraus spirituell zu werden: »Denn diesmal geht es nicht mehr so, dass ein Gott dem Menschen hilft, sondern diesmal muss die Auferstehung durch den Menschen selbst vollzogen werden. Er muss gewisse Bewegungen vollziehen, gewisse Anstrengungen machen, um sich in Kontakt zu bringen mit sich selbst. Und das ist ja der wahre wissenschaftliche Sinn des Wortes ›Kreativität‹. Nur wenn er dieses Verhältnis herstellt, kann er von seiner Schöpferkraft sprechen.«[11]

Für Beuys steht die größte Zeitenwende der Geschichte bevor, können die Menschen doch nun volle Selbstbestimmung erlangen und »Vollender der Schöpfung« werden.[12] Aber nachdem der Mensch sich so lange nur als Geschöpf und nicht als Schöpfer erfahren hat, fällt es ihm noch schwer, sich und seinen spirituell-kreativen Kräften zu vertrauen: »Er möchte viel lieber noch mal was geschenkt bekommen. Er kriegt aber nichts mehr. Er kriegt nichts, gar nichts, von keinem Gott, von keinem Christus.«[13]

Dieses Szenario hat Beuys immer wieder vorgestellt, aber wohl nie so eindringlich wie 1984 – Jonathan Meese war damals vierzehn – in einem Interview mit dem Jesuitenpater Friedhelm Mennekes. Auch wenn dieser behauptet, er habe »keine Schwierigkeiten« mit den Gedanken von Beuys,[14] merkt man an den Fragen, die er ihm stellt, wie wenig er sich darauf einlassen kann. Weder scheint ihn – als Theologen – zu provozieren, dass Beuys den Menschen zum neuen Gott erhebt, noch versetzt ihn die proklamierte Epochenschwelle in Enthusiasmus, sodass das Interview selbst wie eine Bestätigung von Beuys' Diktum gelesen werden kann: Die Menschen »wissen gar nicht, um was es sich […] handelt«, wenn man ihnen Kreativität zuspricht; sie sind auf ihre Rolle als göttliche Schöpfer nicht vorbereitet.[15]

Aber nicht nur der Jesuitenpater bleibt merkwürdig teilnahmslos. Der Provokateur Beuys eckte sonst zwar vielfach an, musste sich jedoch kaum einmal für seine Thesen zur Kreativität rechtfertigen. Selbst und gerade in katholischer Tradition stehende Wissenschaftler bemühten sich vielmehr, seine Aussagen mit herrschenden Lehrmeinungen in Einklang zu bringen und »die besondere Leistung von Beuys […] nicht in der Entwicklung neuer bedeutender Ideen« zu sehen, sondern darin, »große Inhalte auf eine provokative Art überraschend und mitreißend reaktivieren« zu können.[16] So skizziert der Religionssoziologe Franz-Xaver Kaufmann mit Blick auf Beuys eine Ideengeschichte der »Vergöttlichung des Menschen«, die vom griechischen Kirchenvater Gregorius von Nyssa über Thomas von Aquin bis zu Giovanni Pico della Mirandola reicht.[17]

Doch während es bei den Genannten jeweils darum geht, dass der Mensch es Gott nachtun soll, um sich ihm anzunähern, aber nie eine völlige Emanzipation des vergöttlichten Menschen von seinem Schöpfer erwogen wird, proklamiert Beuys einen klaren Bruch. Für ihn macht Nietzsches Diktum ›Gott ist tot‹ Sinn, weil er davon überzeugt ist, dass Gott »nie mehr von selbst kommt und den Menschen da irgendwie unter die Arme greift«.[18] Er variiert damit zugleich Grundsätze von Rudolf Steiners Anthroposophie, wonach »die erhabenste Gottesidee« darin bestehe, dass »Gott sich nach Schöpfung des Menschen ganz von der Welt zurückgezogen und den letzteren ganz sich selbst überlassen habe«.[19]

So tolerant Theologen mit Beuys umgehen, so schroff widerspricht ihm in Gestalt Jonathan Meeses aber ein

Künstler. Er wirft Beuys nicht nur Verrat an der Kunst vor, wenn das Vermögen dazu demokratisiert wird und sie jede Trennschärfe gegenüber anderem verliert, sondern er befürchtet auch, dass die Menschen umso unglücklicher werden, je mehr Kreativität man ihnen zumutet. »Der kreative Mensch lebt in seinem Schneckenhaus«, beklagt Meese, da er aus Stolz über das, was er selbst macht, gar nicht mehr in der Lage ist, anderes wahrzunehmen. Derselbe Stolz verführt ihn dazu, »sein Nest zum Gesetz für Andere« zu erklären, was Konflikte unvermeidbar werden lässt und in einer Gesellschaft mündet, die aus unzähligen in sich eingeschlossenen Solipsisten besteht.[20]

Ist der gegenwärtige Mensch für Meese also unerlöst, weil er sich für kreativ hält, so gelangt Beuys zur selben Diagnose aus dem gegenteiligen Grund. Für ihn sind die Menschen so lange unerlöst, als sie ihre Kreativität noch nicht anerkennen und auf göttlichen Beistand oder irgendeine Art von Inspiration warten. Nur wer eine adventistische Haltung hinter sich lässt, wie sie für das gesamte Christentum prägend war, ja, wer die eigene Kreativität beherzt zum Einsatz bringt, wird nicht länger verzagt und entfremdet leben, sondern erlöst sein können. So läuft der verpasste Streit zwischen Beuys und Meese auf die Frage nach dem glücklichen und richtigen Leben hinaus. Während Beuys die Menschen dazu aufruft, sich selbst als Schöpfer ernst zu nehmen, beschwört Meese sie, sich nur ja nichts auf sich einzubilden. Für Beuys gilt die Losung: »Es hilft uns jetzt kein Gott mehr;

wir müssen selbst Götter werden.«[21] Und Meese kontert: »Jeder religiöse Mensch betet nur sich selbst als Gott an und hält ewige Nabelschau. […] Sieh von dir ab, lieber Mensch, du bist nicht das Zentrum der Welt […]. Bleib immer im Dienst der Sache, steige niemals aus, überhöhe dich nie und versuche nie, dein mickriges Bewusstsein gegen den ›Stoffwechsel‹ zu stellen. […] Dein Leben möge nur ritualfreies Spiel sein und jeder Mensch ist süßestes Stofftier.«[22]

Die lange Vorgeschichte der Idee vom kreativen Menschen

Nicht nur innerhalb des Christentums ist das von Joseph Beuys vertretene Menschenbild ungewöhnlich. Ein Blick in andere Kulturen macht bewusst, dass die Idee vom kreativen Menschen oft undenkbar war oder als anmaßend empfunden wird. Am bekanntesten ist die Haltung des Islam, wo es als blasphemisch gilt, das Kreativitätsmonopol Allahs zu relativieren: Ein Mensch, der glaubt, selbst über schöpferische Kräfte zu verfügen, wird nicht nur scheitern, sondern gehört zudem bestraft. Wer sich mit aktuellen Fatwas – also Urteilen von Religionsführern – beschäftigt, wird auf die präzisesten Fallunterscheidungen treffen. So gelten etwa skulpturale Gestaltungen als besonders problematisch, denn sie »ragen wie Gottes Kreaturen« in die Welt hinein und »unterteilen wie lebendige Körper den Raum in Ort und Umgebung«.[23] Sind sie aber aus essbarem Material wie Schokolade, kann das toleriert werden, steht dann doch zu vermuten, dass der Urheber keinen Werkanspruch verfolgt, sich also nicht in Konkurrenz zu Gott begibt. Genauso sind die auf einem Duschvorhang oder einer Teetasse angebrachten Bilder keine Sünde. Da sie an diesem profanen Ort keine eigene Würdigung erfahren, haben sie wiederum nicht den Status eines Werks.[24]

Aber auch in Kulturen ohne ausdrückliches – göttliches – Monopol auf schöpferische Fähigkeiten ist umstritten, wer darüber verfügen kann oder wie sich dazu gelangen lässt. Meist herrscht die Vorstellung vor, Kreativität sei Folge einer spezifischen und seltenen Gunst. So glaubten Künstler in der griechischen – später auch in der römischen – Antike, sie hätten ihre Schöpfungskraft Musen zu verdanken. Homers Musenanruf zu Beginn der *Ilias* macht deutlich, dass der Dichter das von ihm Erzählte nicht als sein eigenes Werk auffasste; vielmehr war es ihm von einer Muse eingegeben.

Nichts wäre Homer fremder gewesen als die Idee von Urheberrechten. Er und andere Dichter der Antike hätten sich niemals als Eigentümer von Werken empfunden. Viel eher sahen sie sich als Auserwählte und Medien an, durch die hindurch sich göttliche Stimmen melden. Selbst Platon, der große Gegenspieler der Dichter, ist überzeugt davon, dass Göttliches »durch sie zu uns spricht« und es einer Ekstase bedarf, damit ein Resonanzraum entsteht. Erst wenn der Dichter »außer sich geraten ist und die klare Vernunft nicht mehr in ihm wohnt«, taugt er als Medium.[25] Fast 2000 Jahre später spricht Albrecht Dürer von den »öberen eingiessungen«, denen er seine Bildideen zu verdanken habe. Nach wie vor gelten schöpferische Kräfte als unverfügbar: nichts, was dem Menschen selbst gehört. Im Übrigen sei der Künstler mit all seinem Vermögen, das es ihm immerhin erlaube, fortwährend Neues zu ersinnen, »kraftlos gegen Gottes Schöpfung«.[26]

Über Jahrhunderte hinweg wurde der schöpferische Mensch in Analogie zu einem absolutistischen Fürsten gedacht. Beide sah man im Stand des Gottesgnadentums und somit als Sonderfall. Fürst wie Künstler konnten dank ihrer Auserwähltheit neue Formen, Ordnungen, Regeln schaffen und waren keinen Vorgaben anderer Menschen unterworfen. Allein die Macht des Herrschers und das Genie des Künstlers galten als autonom. Diese Parallele kommt etwa im Topos vom Besuch des Fürsten im Atelier des Künstlers zum Ausdruck. Dabei steht ein Auserwählter einem anderen Auserwählten bei, man bereichert und inspiriert sich wechselseitig.

Allerdings ereignet sich im Verlauf der Neuzeit ein Akzentwechsel. Mehr und mehr wird es zum Thema, wie ein Künstler auf andere Künstler initiativ wirkt und schöpferische Kräfte in ihnen freisetzt oder auf sie überträgt. Zwar mag der inspirierende Künstler seine Kräfte nach wie vor einem Gottesgnadentum verdanken, sodass dieses indirekt auf alle weiterwirkt, die er selbst zu schöpferischem Tun anregt. Die anfängliche göttliche Inspiration tritt jedoch zugunsten der Beschreibung der künstlerischen Weitergabe dieser Inspiration in den Hintergrund. Schließlich verschwindet das Gottesgnadentum ähnlich der Idee des absolutistischen Fürsten. Kreativität wird zu einer Fähigkeit, die begabte Menschen untereinander beleben und fördern.

Als die entscheidende Quelle der Inspiration und schöpferischen Stimulation gilt ab dem 18. Jahrhundert die Einbildungskraft: Die Einbildungskraft des Künstlers artikuliert sich im Kunstwerk, das wiederum auf die Einbildungskraft des Rezipienten wirkt. Je stärker diese ausgeprägt ist, desto eher kann die Rezeption eines Werkes zum Impuls dafür werden, dass ein neues Werk entsteht. Dann wirkt ein Künstler inspirierend auf einen anderen.

In seinem Essay »On Imagination« (1712) sieht der britische Dichter und Journalist Joseph Addison in Homer den Dichter, der »die Einbildungskraft aller nachfolgenden großen Dichter zur Blüte gebracht« habe.[27] (Dass Homer seine Inspiration seinerseits den Musen verdankte, ist hingegen nicht mehr der Rede wert.) Für Addisons Überlegungen spielt auch das Motiv des künstlerischen Wettbewerbs – die ›aemulatio‹ – eine wichtige Rolle, die Inspiration ist zugleich also ein Anstacheln und Herausfordern. So heißt es im selben Zusammenhang, jemand wie Horaz übertreffe sich immer dann, wenn er Homer im Blick habe.[28]

Die strengste philosophische Analyse erfährt die Einbildungskraft in Immanuel Kants *Kritik der Urteilskraft* (1790). Eingehend untersucht Kant die spezifische Qualität der Lust, die Schönes in Natur und Kunst zu bereiten vermag. Sie besteht gerade darin, dass man sich stimuliert und beschwingt fühlt. Kant erkennt den Grund dafür im »freien Spiel« von Einbildungskraft und Verstand.[29] Anders als im Fall eines Erkenntnisinteresses wird die Einbildungskraft dem Verstand bei ästhetischem Wohlgefallen nicht untergeordnet; seine Begriffe sind zwar im Spiel, beherrschen es aber nicht. So kann sich die Einbildungskraft entfalten und »ästhetische Ideen« zur Geltung bringen, die als etwas bestimmt werden, das »viel zu denken veranlaßt«, ohne jemals auf einen Begriff gebracht werden zu können.[30] Zwar versucht der Verstand immerzu, das Assoziationsfeld einer ästhetischen Idee zu definieren, bringt sich also selbst ein, doch führt das nur zu weiteren Assoziationen und stimuliert das Spiel zusätzlich.

Ein Genie schafft aus einer solch angeregten Stimmung heraus ein Werk und verleiht einer ästhetischen Idee Ausdruck. Das Werk wird wiederum von anderen als geistreich empfunden, wobei Kant »Geist« als »das belebende Prinzip im Gemüte« beschreibt und auf diese Weise den ursprünglich religiösen Begriff der Inspiration transzendentalphilosophisch übersetzt.[31] Trifft das Werk seinerseits auf ein Genie, setzt es aber nicht nur erneut ein ›freies Spiel‹ in Gang, sondern führt dazu, dass daraus ebenfalls ein originäres Werk entsteht. So wird ein Genie durch ein anderes »zum Gefühl seiner eigenen Originalität aufgeweckt«.[32]

Für Addison, Kant und andere Theoretiker des 18. Jahrhunderts ist noch fraglos, dass lediglich eine kleine Minderheit von Menschen über schöpferische Kraft – über das, was mittlerweile ›Kreativität‹ heißt – verfügt. Kunstwerke können also nicht bei jedermann viel auslösen, bei den meisten versetzen sie Einbildungskraft und Verstand nur »in Schwung«.[33] Dieser Schwung bleibt folgenlos, da aus dem Empfinden von Freiheit und Lust keine selbstständige gestalterische Leistung hervorgeht – entweder gar nicht gesucht wird oder scheitert, weil sie ihrerseits nicht stimulierend auf andere zu wirken vermag.

Dennoch kann der ästhetische Zustand bei allen Menschen etwas bewirken. So hat Friedrich Schiller im Gefolge Kants in seinen Briefen *Über die ästhetische Erziehung des Menschen* (1795) herausgearbeitet, wie die Rezeption von Kunst ausgleichend und entlastend ist, da das ›freie Spiel‹ Determinationen transzendiert und dem Rezipienten eine Neujustierung möglich wird. Auf einmal gelingt es ihm, »aus sich selbst zu machen, was er will«.[34] Auch dabei handelt es sich, nach heutigen Vorstellungen, um eine Form von Kreativität, wenngleich um keine, die in einem Werk mündet und daher ihrerseits rezipiert – sowie als Inspiration für weitere Werke verwendet – werden kann.

In der Zeit nach Kant wird es üblich, ausdrücklich zwischen einer in neuen Schöpfungen mündenden Rezeption von Kunst und deren generell anregender Wirkung zu unterscheiden. In August Wilhelm Schlegels 1799 publiziertem Text *Die Gemählde,* einem fiktiven Gespräch zwischen drei Kunstliebhabern in der Dresdner Gemäldegalerie, vertritt ein Protagonist die Ansicht, die Beschäftigung mit Kunst habe dazu zu führen, »dann selbst etwas gutes hervor[zu]bringen«. Idealerweise antwortet der Betrachter eines Gemäldes also mit einem

Gedicht oder Musikstück, das seinerseits wiederum ein weiteres Werk inspiriert. Dieser Vorstellung wird jedoch widersprochen, denn dann, so das Argument, »arbeitete der Künstler ja immer nur für den Künstler«. Das sei zu wenig, vielmehr sei »gesellige Wechselberührung […] die Hauptsache«: Kunst solle insgesamt belebend wirken und so vor allem soziale Bedeutung entfalten.[35]

Im selben Jahr publizierte der Leipziger Privatgelehrte Johann Adam Bergk seine Überlegungen zur möglichst wirksamen Rezeption einzelner Gattungen von Literatur und Philosophie. Die Grundannahme seiner Schrift mit dem Titel *Die Kunst, Bücher zu lesen nebst Bemerkungen über Schriften und Schriftsteller* besteht darin, dass jedes Buch beim Leser »Kräfte in Thätigkeit sezzen« kann.[36] Allerdings ist auch für Bergk nicht jeder Leser ein Künstler. Nur wenn es sich beim Leser seinerseits um einen schöpferisch begabten Menschen – bestenfalls: ein Genie – handelt, wirkt die Lektüre produktiv. Dann könne er »das Feuer und die Kraft zum Dichten in sich beleben und in der Einsamkeit eine neue Welt um sich herumzaubern«. Ohne entsprechende Anregung gelinge das hingegen vielleicht nicht, liege doch der »schöpferische Genius tief vergraben«. Man müsse »daher darauf losarbeiten, seine Entwicklung zu erleichtern. Man muß die Hindernisse wegräumen, die ihm den Austritt versperren. […] Man muß ihn durch die Werke des Genies von Andern erwärmen und beleben …«[37]

Kunst wirkt somit mäeutisch, kann aber da, wo nichts zu gebären ist, auch nicht helfen. Einige Formulierungen

Bergks legen jedoch nahe, ein Kunstwerk könne kreative Kräfte doch nicht nur freisetzen, sondern auch übertragen. So schreibt er einerseits, Kunstwerke als »Produkte des Genies […] haben das Eigene, daß sie wieder das Genie, wo es etwa im Schutte vergraben liegt, erwecken und ausbilden«, fügt aber andererseits unmittelbar die Bemerkung an, die Werke »theilen auch dem Armen eine Gabe von ihrem Überflusse mit«.³⁸

Rund ein Jahrhundert später wurde Kunstwerken dann tatsächlich zugetraut, schöpferische Kräfte auf alle zu übertragen, die mit ihnen in Verbindung kommen. Prominent geschieht dies in Leo Tolstois 1898 publiziertem Essay *Gegen die moderne Kunst*, der Fortsetzung – besser: Steigerung – seiner bekannteren Schrift *Was ist Kunst?* aus demselben Jahr. Die Klage des Autors, wie viel schlechte Kunst es in allen Sparten gebe, führt ihn dazu, ein Kriterium für gute Kunst zu entwickeln. Es besteht darin, dass das Werk im Moment der Rezeption die Freude weckt, »uns mit dem Schöpfer und den anderen Menschen, in deren Gemeinschaft wir das fragliche Werk lesen, sehen, hören, in künstlerischem Kontakt zu fühlen«.³⁹ Kunstwerke sorgen somit für mehr als die »gesellige Wechselberührung« Schlegels, nämlich für eine Atmosphäre der Kreativität. Und sogar für noch mehr, denn im Weiteren verwendet Tolstoi die Metapher der Ansteckung und formuliert die These, das schöpferische Vermögen könne grundsätzlich jedes Mal, wenn es zu jenem »künstlerischen Kontakt« kommt, übertragen werden. Der »Grad dieser Ansteckung« sei sogar »das einzige Maß der Vortrefflichkeit der Kunst«, und für Tolstoi gilt: »Je stärker die Ansteckung ist, desto wahrer ist die Kunst, unabhängig von ihrem Inhalt.«[40] Infolge der Ansteckung glaubt der Rezipient, »die Gefühle, die ihm übermittelt werden, [kämen] nicht von einer andern Person, sondern von ihm selber, und alles, was der Künstler ausdrückt, hat er schon längst in der Absicht gehabt, ausdrücken zu wollen«.[41]

Im Weiteren spekuliert Tolstoi darüber, was passieren würde, wäre Kunst, anders als bisher, nicht mehr elitär, sondern in Form und Inhalt so verfasst, dass sie »universell« würde und von der »Gesamtheit der Menschen« rezipiert werden könnte. Logischerweise wird dann auch »ein jeder Künstler werden können«.[42] Dies erst recht, als eine allen zugängliche Kunst nicht länger aus aufwendig produzierten Werken bestehen werde, welche »eine verzwickte […] Technik verlangten, die zu ihrer Erlernung einen unendlichen Zeitverlust erfordert«, sondern sich durch »Klarheit, Einfachheit und Nüchternheit« hervortun werde.[43] Über die gesamte Gesellschaft hinweg wird sich Kreativität also viral verbreiten, unglaubliche gestalterische Fähigkeiten tauchen auf einmal auf, viele Begabte, die »bis jetzt unter dem Volke verborgen leben, werden dann an der Kunst teilnehmen und Muster der Vollkommenheit liefern«.[44]

Mit seiner sozialistisch-christlich imprägnierten Vision entwirft Tolstoi erstmals eine Gesellschaft, in der letztlich jeder Mensch über kreative Kräfte verfügt und diese auch zur Geltung bringen kann. Diese Vision gründet allerdings auf zwei starken Voraussetzungen. Zum einen rechnet sie damit, dass grundsätzlich alle Menschen mit Kreativität infizierbar sind, zum anderen traut sie Kunstwerken diese Infektionsleistung zu.

Die Durchsetzung der Idee
vom kreativen Menschen

Der Blick auf die gegenwärtige Kultur lässt die Diagnose zu, dass mittlerweile beide Voraussetzungen geläufig geworden sind, die erste sogar meist in der noch stärkeren Version, wonach die Menschen schon von Natur aus kreativ sind, also nicht erst einer Infektion, sondern nur einer Erweckung bedürfen, um schöpferisch tätig zu werden. Der Soziologe Andreas Reckwitz hat die Gegenwart in seiner 2012 publizierten Studie über *Die Erfindung der Kreativität* als Epoche bestimmt, die sich unter der Herrschaft eines »Kreativitätsdispositivs« befinde.[45] Dispositive organisieren sich durch diverse Praktiken, Denkweisen und Lebensformen. Anders als Ideologien haben sie kaum erklärte Befürworter und Gegner, werden also nicht eigens diskutiert und bleiben den meisten daher in ihrer prägenden Macht verborgen. Reckwitz beschreibt in seinem Buch die Genese des Kreativitätsdispositivs, das seiner Einschätzung zufolge im »Zeitraum von um 1900 bis in die 1960er Jahre« seine »Inkubationszeit« gehabt habe.⁴⁶ Das entspricht genau dem Zeitraum zwischen der programmatischen, aber zu ihrer Zeit weitgehend »ohne Folgen«⁴⁷ bleibenden Prognose Tolstois, künftig solle und werde jeder Mensch Künstler sein, und dem von Joseph Beuys formulierten Diktum »Jeder Mensch ist ein Künstler«, das den Zeitgenossen zwar noch paradox und verblüffend vorkommen mochte, aber schon bald als treffende Aussage empfunden und entsprechend oft zitiert, geradezu zum Mantra erhoben wurde. Wie selbstverständlich das von Beuys propagierte Menschenbild mittlerweile geworden ist, verdeutlicht der erste Satz des Buches von Reckwitz: »Wenn es einen Wunsch gibt, der innerhalb der Gegenwartskultur die Grenzen des Verstehbaren sprengt, dann wäre es der, nicht kreativ sein zu wollen.«⁴⁸

Da Beuys Kreativität, anders als Tolstoi, als Grundbestandteil der menschlichen Natur, ja, als Ausdruck der Gottesebenbildlichkeit des Menschen ansieht, bedarf es aus seiner Sicht auch weniger einer Inspiration oder Ansteckung als einer Provokation. Während es, so Beuys, »früher [...] nur Inspirationskulturen« gegeben habe, ist der zunehmend frei gewordene, zum Kreator (und Gott) aufgestiegene Mensch »nicht mehr abhängig«.⁴⁹ Aber solange er selbst noch nicht an seine kreativen Fähigkeiten glaubt, müssen sie ihm eigens bewusst gemacht, müssen freigelegt und vergegenwärtigt werden. Beuys spricht davon, die Menschen müssten »ja allmählich mal provoziert werden«, sei doch alles »so verhärtet«, man müsse sie »richtig anstoßen, daß das alles mal hochkommt«.

Diese Art der Provokation fasst er immer wieder als »Auferstehungsprozess« – und damit als Überwindung von Tod und Stillstand.⁵⁰ Wie bei der Auferstehung Christi öffnen sich die Gräber: Es beginnt etwas Neues.

Bekräftigt Beuys mit seiner Wortwahl die Idee einer göttlich-kreativen Natur des Menschen, so räumt er dennoch dem Künstler eine Sonderrolle ein. Dieser muss nämlich die Provokation vollbringen, spürt er doch schon als Erster die schöpferischen Kräfte, weiß also am ehesten, diese darzustellen und damit umzugehen. Dass Beuys sich bei seinen Aktionen und in vielen Auftritten als Schamane, Heiland und Prophet präsentierte, sich also gerade über eine normale menschliche Existenz erhob, steht daher nicht im Widerspruch zu seinem egalitären Konzept von Künstlertum, sondern sollte möglichst vielen anderen Menschen – durch Provokation – ihre eigene schöpferische Potenz bewusst machen.

Andere Künstler engagierten sich zur selben Zeit wie Beuys ebenfalls als Provokateure und Kreativitätsbefreier, jedoch ohne vergleichbare theologisch-soteriologische Zuspitzung. So äußerte etwa Franz Erhard Walther 1969 »Gedanken zur Wahrnehmung von Kunst«, wobei er zuerst die »Forderung an den Menschen« stellte, »seine EIGENEN kreativen Fähigkeiten einzusetzen«, um dann jedoch einzuräumen, dass das »Vertrauen in die Fähigkeiten der Leute zwar begründet war, aber diese Fähigkeiten: Phantasie, Imaginationskraft, Urteilskraft, Improvisationsgabe, bildnerische Kraft, [...] Erlebnisfähigkeit schlechthin etc. [...] nur noch sehr verkümmert vorhanden« seien.[51] Entsprechend muss der Künstler therapeutisch eingreifen. Im Fall von Walther führte das zur Entwicklung von Werksätzen: von Objekten, deren Funktion bewusst offengehalten wurde und mit denen die zu aktiven Nutzern werdenden Rezipienten hantieren sollten. Wenn sie sich dabei Verwendungsweisen und immer neue Handlungen einfallen ließen, würden sie – das Walthers Anspruch – auch im Alltag und im Umgang mit vertraut-funktionalen Dingen kreativer werden.

Walthers Argumentation lässt zugleich erkennen, wie die Behauptung, jeder habe kreative Fähigkeiten, gegen Falsifikation immunisiert wird: Wo Kreativität nicht zu bemerken ist, ist sie nicht etwa inexistent, sondern nur verschüttet oder deformiert. Bis heute macht man in der politisch-künstlerischen Linken vor allem den Kapitalismus dafür verantwortlich, bei Konservativen eher Technik, Institutionen und rationales Denken. Doch alle mutmaßen, die Kreativität habe im Zuge der Entfremdung des modernen Menschen gelitten. Daher brauche es eine tief greifende gesellschaftliche Umwälzung.

Außerdem war die Unterstellung kreativitätsstörender Deformationen Grundlage für einen rasch boomenden und schon seit Jahrzehnten ungebrochen florierenden Markt, auf dem Kreativitätstechniken in Form von Büchern und Seminaren angeboten und immer wieder andere Methoden zur Freisetzung verborgener, ungenutzter, ungeahnter Kreativenergien propagiert werden. Dass in jedem Menschen ein »innerer Künstler« schlummert[52] und es allein darum geht, »Blockaden zu lösen«, um an die eigenen kreativen Potenziale heranzukommen,[53] ist der lediglich geringfügig variierte Plot zahlloser Ratgeber. Wo Beuys nur Provokation forderte, ist also innerhalb kurzer Zeit ein Gewerbe entstanden, dessen Akteure mal mehr auf Stimulation, mal eher auf Irritation, in jedem Fall aber auf Exerzitien der Selbstermächtigung setzen.

Je mehr man auf die Kreativität als allen Menschen gemeinsame Fähigkeit vertraut, desto mehr wird zugleich den bestehenden Verhältnissen misstraut. Anders als in den Jahren direkt nach 1968 ruft man aber nicht mehr zur großen Revolution auf, um die verschüttete Kreativität zu befreien. Man setzt vielmehr lieber darauf, dass jeder Einzelne sich einen Weg in sein Inneres bahnt. Das steigert die Nachfrage nach Ratgeberprodukten umso mehr, müssen nun doch Millionen von Menschen individuell zu Veränderung angeleitet werden – und das am besten in jeder Lebensphase wieder neu, da sich auch die blockierenden Faktoren jeweils ändern.

Dagegen ist innerhalb des Kreativitätsdispositivs der Gedanke ausgeschlossen, es könnte eine falsche Annahme und Überforderung des Menschen darstellen, Kreativität zu einer grundsätzlichen Eigenschaft wie Sinneswahrnehmung oder Stoffwechsel zu erklären. Man findet in den Ratgebern immer wieder ebenso nebulöse wie sich ideologisierende Behauptungen, wonach das alte Geniemodell, das Kreativität nur wenigen zugestand, »aus vielen Gründen [...] nicht haltbar« gewesen sei, da es sich bei Kreativität um eine Fähigkeit handle, »die im Prinzip *jedem Menschen*, ja auch Tieren eigen« sei: »Die Kreativität ist in der Gegenwart *demokratisch* geworden. Diese Entwicklung ist sicherlich positiv. Sie ermöglicht heute *jedem*, sein eigenes kreatives Potential zu entdecken.«[54]

Wie aber sollte eine Fähigkeit, die so tief in der Natur gründet, dass sogar Tiere darüber verfügen, auf einmal – »in der Gegenwart« – demokratisiert worden sein? Eher müsste es heißen, dass der Anspruch auf – oder das Recht auf – Kreativität demokratisiert wurde, anders als früher jeder Mensch nun also die Möglichkeit bekommen soll seine eigenen kreativen Fähigkeiten zu fördern. Damit ist aber zugleich nahegelegt, dass die Bemühung um kreative Fähigkeiten zu einem verbindlichen Anliegen wird: Ansprüche und Rechte sind dazu da, dass man sie nutzt, und dies umso mehr, wenn andere es auch tun.

Das Kreativitätsdispositiv beschränkt sich somit nicht auf die Annahme, jeder Mensch verfüge über ein kreatives Vermögen, sondern impliziert genauso, das Ausleben von Kreativität als wichtigen Teil jedes menschlichen Lebens anzusehen. Sonst, so die Vorstellung, bleibt es ähnlich unerfüllt und defizient wie ein Leben ohne Sexualität oder ohne Beruf. Seit einigen Jahrzehnten ist Kreativität somit zu einer Norm geworden. Jeder, der auf sich hält, es auf Anerkennung, gar auf eine Vorbildrolle abgesehen hat, achtet darauf, ihr zu genügen, sie bestenfalls zu übertreffen und sich als noch kreativer als andere zu erweisen.

Kreativität hat so innerhalb von ein bis zwei Generationen den Charakter einer »sozialen Verpflichtung« angenommen.⁵⁵ Manche beklagen bereits das Vorherrschen einer »Logik des totalen kreativen Imperativs«⁵⁶ oder sehen in dem »in ursprünglich befreiender Absicht gesprochene[n] Slogan ›jeder ist kreativ‹ [...] ein Moment subtilen Terrors«.⁵⁷ Was im Namen von Demokratisierung begonnen wurde, hat also neue Ängste und Unsicherheiten verursacht. Immerhin ist es jederzeit möglich, den Kreativitätsansprüchen nicht zu genügen: zu versagen oder zumindest von der Sorge bedrängt zu werden, die eigenen kreativen Energien könnten ungenügend sein.

Am besten hat der Soziologe Ulrich Bröckling die Komplikationen zusammengefasst, in die das Kreativitätsdispositiv den heutigen Menschen verwickelt. Für ihn ist Kreativität »erstens etwas, das jeder besitzt – ein anthropologisches *Vermögen*; zweitens etwas, das man haben soll – eine verbindliche *Norm*; drittens etwas, von dem man nie genug haben kann – ein unabschließbares *Telos*; und viertens etwas, das man durch methodische Anleitung und Übung steigern kann – eine erlernbare *Kompetenz*.«⁵⁸

Durch Bröckling wie auch andere Theoretiker wird zugleich deutlich, dass die Durchsetzung des Kreativitätsdispositivs keineswegs nur als Erfolg eines von Figuren wie Tolstoi oder Beuys geprägten Milieus zu begreifen ist, welches Kunst nicht länger als Sache einer Elite begreifen will und Kreativitätsförderung als Emanzipationsvoraussetzung ansieht sowie den Maximen einer Demokratisierung unterstellt. Vielmehr wird das Beschwören kreativer Energien erst recht von einer liberalen Marktwirtschaft begünstigt, in der Wettbewerb und Gewinn die zentralen Konzepte sind: Wer kreativ ist, kann mehr leisten, Neues entdecken, schneller sein, andere also überbieten. Mit guten Ideen lässt sich zugleich Wertschöpfung betreiben und bestenfalls viel mehr Rendite erwirtschaften als mit der Herstellung materieller Güter. Treiben Marktwirtschaft, Kapitalismus und Liberalismus die Menschen zu Fortschritt und Selbstüberbietung an, so lassen sich diese Ziele auf Dauer nur mit Kreativitätszuwächsen erreichen. Die »Ideologie« der Kreativität sei, so Bröckling, die »Antwort auf die Innovationszwänge kapitalistischer Modernisierung«, ja, ein »Reflex ökonomischer Notwendigkeiten«.[59]

Daher folgt die Mobilisierung kreativer Energien mindestens so sehr aus volks- und betriebswirtschaftlichen Gründen wie aus demokratischen Interessen. Und nur weil das auf die Individuen gerichtete Freiheitsstreben sowie die Hochkonjunktur ökonomischen Denkens zusammenkamen, konnte das Kreativitätsdispositiv sich so gut durchsetzen. Dazu trägt zusätzlich bei, dass die beiden Triebkräfte nicht nur parallel wirken, sondern es sich schnell etabliert hat, den ökonomischen Diskurs mit Vokabular aufzuladen, das der Kunst-, Emanzipations- und Selbstverwirklichungsrhetorik entstammt. Dabei nützt man eine Unschärfe im Kreativitätsbegriff aus, der sowohl auf Kunstwerke, die ein Einzelner schafft, als auch auf technische Erfindungen eines Teams von Ingenieuren oder auf ein Gespür für Marktlücken bezogen werden kann. So lässt sich eine Nähe von Künstler und Unternehmer, von Werkschöpfung und Wertschöpfung suggerieren, knallhartes Wettbewerbsdenken als existenziell-heroische Identifikation mit dem eigenen Streben darstellen oder eine eher langweilige Optimierungsmaßnahme als Akt künstlerischer Kompromisslosigkeit feiern.

Allerdings geschieht die Veredelung des Ökonomischen so hartnäckig, dass sie nicht unbemerkt bleiben konnte. Gerade bei vielen derjenigen, die Markt und Wirtschaft ohnehin schon kritisch gegenüberstehen, ist es daher zum neuen Topos geworden, feindliche Übernahmen zu konstatieren und offenzulegen, wie ökonomische Ziele mittlerweile nicht nur kulturell bemäntelt werden, sondern wie dadurch umgekehrt auch eine Ausbeutung künstlerischer Praktiken stattfindet. Die Verbreitung, seit den späten 1990er Jahren sogar Mode des Terminus ›Kreativwirtschaft‹, mit dem die Bedeutung der diversen Formen von Gestaltung – vom literarischen Text über Möbel- und Grafikdesign bis hin zu einer Werbekampagne oder einem urbanistischen Konzept – als »grundlegender ökonomischer Treiber« hervorgehoben werden soll,[60] wird für sie zum Menetekel dafür, dass sich die Interessen der Wirtschaft heutzutage flächendeckend durchgesetzt haben. ›Kreativität‹ wird schließlich sogar zum verhassten Schlagwort, von dem sich, am liebsten mit Anführungszeichen um das Wort, distanziert, wer, wie vage auch immer, die Autonomie der Kunst hochhalten will und darauf besteht, dass in ihr andere Gesetzmäßigkeiten regieren als überall dort, wo von vornherein Verwertungsinteressen dominieren.[61]

Das Kreativitätsdispositiv gerät so in den Verdacht, die Kräfte freigesetzt zu haben, ohne die Neoliberalismus und Turbokapitalismus nicht so stark hätten werden können. Damit aber wird es auch für die »Selbst-Prekarisierung« verantwortlich gemacht, die als Symptom einer Gesellschaft gilt, in der nicht mehr der Arbeitnehmer und Angestellte, sondern die Ich-AG – der ebenso unabhängige wie ungesicherte kreative Projektemacher – zur Leitfigur geworden ist.[62] Für ihn wird, so die oft dramatisch anmutende Beschreibung, »die Flexibilität zu einer despotischen Norm, die Prekarisierung der Arbeit zur Regel«. Ferner verschwämmen »die Grenzen zwischen Arbeitszeit und Freizeit […] ebenso wie jene zwischen Arbeit und Arbeitslosigkeit, und die Prekarität dringt von der Arbeit in das gesamte Leben vor«.[63] Selbstausbeutung und Existenzängste sind also in etlichen Milieus Folgen des Kreativitätsimperativs und jener Sorge, diesem nicht genügen zu können.

Kulturpessimistische Psychologen wie Alain Ehrenberg sind mit der Diagnose bekannt geworden, dass anders als in einer Kultur, die von Verboten und Gehorsam bestimmt ist, in der heutigen, von Eigenverantwortung und Selbstermächtigung geprägten Gesellschaft Depressionen und Burnouts zu den häufigsten Krankheiten gehören. Viele Menschen seien »erschöpft von der Anstrengung, [sie] selbst werden zu müssen«, fühlten sich energielos und verharrten »in einem Zustand des ›Nichts-ist-möglich‹. Müde und leer, unruhig und heftig, kurz gesagt, neurotisch, wiegen wir in unseren Körpern das Gewicht der Souveränität.«[64] Wenige Jahrzehnte nach Durchsetzung der Idee vom kreativen Menschen ist deren Bilanz aus der Sicht vieler Kritiker somit alles andere als erfreulich.

Die Inspirationsbedürftigkeit
des kreativen Menschen

Zugleich ist zu bemerken, dass Beuys mit seiner Behauptung, das Zeitalter der Inspirationskulturen sei vorüber, nicht recht hatte. Ganz im Gegenteil fühlten sich die Menschen nie zuvor so abhängig von Formen der Inspiration wie jetzt, da die Sorge alltäglich geworden ist, über zu geringe kreative Energien zu verfügen, nicht genügend Ideen zu haben, zu unflexibel zu sein, im Vergleich zu anderen dröge und fantasielos zu wirken. Selbst wer allenthalben gut mithalten kann und für seine Kreativität Anerkennung findet, wird den Gedanken nicht los, vielleicht noch viel größere Potenziale in sich zu haben, hofft also, einen Weg zu finden, diese freizulegen und besser nutzen zu können. Was auch immer Stimulation oder Ansteckung verspricht, wird daher dankbar angenommen.

Dass sich das Bild festgesetzt hat, die Kreativität sei ein ungehobener Schatz, verleitet zu weiteren Vorstellungen in Analogie zur Energieförderung. Wie im Fall von Gas oder Öl akzeptiert man, aufwendiger Verfahren zu bedürfen, um die wertvolle Ressource zu bergen. Jederzeit scheint es dafür möglich, auf weitere Vorräte zu stoßen. Dass man auch umsonst bohren könnte, wird hingegen kaum einmal erwogen. Vielmehr ist es zuerst einmal eine beruhigende Vorstellung, sich Kreativität als Rohstoff und Energieform zu denken. Immerhin lässt sich so zudem die Erwartung hegen, sie sei nicht nur aus dem eigenen Inneren zu gewinnen, sondern man könne sie ebenso zusätzlich erwerben und dank Techniken der Inspiration in sich aufnehmen: Wenn mit kaum etwas mehr gehandelt wird als mit Bodenschätzen und Energieträgern, dann sollte doch auch die Ressource ›Kreativität‹ frei flottieren.

Das aber heißt, dass Kreativität zu einem Konsumartikel wird. Wer nicht genügend davon hat oder in sich findet, sucht nach Möglichkeiten, sich entsprechende Stimulanzien und Atmosphären zu besorgen, um sich aufzuladen. Mit Blick auf die letzten Jahrzehnte lässt sich feststellen, dass das Kreativitätsdispositiv nicht nur große Ratgebermärkte hervorgebracht hat, sondern dass die Konsumkultur zur wohl intensivsten Inspirationskultur herangewachsen ist, die es jemals gegeben hat. Ganze Industriezweige bieten heutzutage kommodifizierte Inspiration, um Menschen in schöpferische Laune zu versetzen. Dabei können Produkte gar nicht alltäglich genug sein, um dennoch so Großes und Kostbares wie die Ressource ›Kreativität‹ zu versprechen. Es gibt Badeperlen, die mit dem Slogan »traumhaft beschwingt«

werben, ein Parfüm heißt »Inspiration«, ein Tee verspricht, eine »Oase der Inspiration« zu sein, und Backmischungen oder Küchengeräte werden ebenfalls damit beworben, Kreativität gleich mitzuliefern.⁶⁵ Erst recht inspirierend wird es bei exklusiveren Angeboten des Wellness-Business. Viele Anwendungen, die starke sinnliche Erfahrungen bereiten sollen, verheißen zugleich spirituelle Stimulation oder Formen der Bewusstseinserweiterung, die brachliegende Kreativkräfte zum Leben erwecken sollen.

Zwar gab es auch in früheren Zeiten diverse Mittelchen, mit denen die schöpferischen Kräfte gefördert werden sollten – man denke nur an Schillers faule Äpfel –, doch niemals zuvor wurden ganze Wirtschaftszweige und Produktlinien darauf eingestellt, den Menschen mehr Kreativität zu offerieren. Wie auch bezogen auf andere Leistungsversprechen der Konsumwelt – Fitness, Entspannung, Gesundheit – hat sich ein neuer Aberglauben etabliert, der darin besteht, dass gewisse Dinge oder Anwendungen als notwendig zur Erfüllung eines Wunsches erklärt werden: Ohne eine bestimmte Duftkerze, ein bestimmtes Nahrungsmittel, eine bestimmte Praxis sei es unmöglich, kreative Kräfte nutzbar zu machen. Und da viele der eigens entwickelten Produkte sorgfältig gestaltet, in ihrer ästhetischen Wirkung also genau auf die mit ihnen assoziierten Konsumentenhoffnungen abgestimmt sind, ist der proklamierte Nutzen auch nicht grundsätzlich auszuschließen. Vielmehr lassen sich in der hochgradig ausdifferenzierten Produktwelt weit über

Medikamente hinaus Placeboeffekte nachweisen. Ohne die zahlreichen Kosmetik- und Wellnessprodukte ginge es vielen Menschen tatsächlich schlechter; sie fühlten sich nicht dazu disponiert, etwas Besonderes zu leisten. Zumindest aber wären ihre Befürchtungen noch stärker, den allseits geäußerten Kreativitätsansprüchen nicht hinreichend nachkommen zu können.[66]

Wirkt die Konsumkultur also wenigstens palliativ, so führt sie doch zugleich zu neuer Beunruhigung. Fortwährend – in jedem Supermarkt, Möbelhaus und Tourismusprospekt – mit den Verheißungen von Kreativität und Inspiration konfrontiert, wird den Menschen nämlich umso deutlicher, wie wichtig es offenbar ist, über genügend schöpferische Kräfte zu verfügen. Je mehr davon angeboten wird, desto eher kann der Eindruck entstehen, man selbst habe zu wenig davon. Oder es ließe sich noch viel mehr erreichen, deckte man sich zusätzlich damit ein.

Versteht man Kreativität als Ressource, wird sie erst recht mit ökonomischem Denken kompatibel. Das aber erhöht wiederum den Druck auf den Einzelnen, muss er nun doch nicht nur kreativ, sondern zudem möglichst effizient im Umgang mit dieser kostbaren Ressource sein. Die Soziologin Paula-Irene Villa hat herausgestellt, wie sehr dadurch, dass man »alles […] als Ressource betrachtet«, schon »das Mittelmaß zum Defizitzustand« erklärt werde. Das mache »unentspannt«, habe es doch zur Konsequenz, »dass alle immer am Limit sind oder es zumindest sein sollen. Sich permanent neu erfinden, maximal kreativ, optimal vorbereitet.«[67] Hier droht somit eine Eskalationsspirale: Wer sich mit der Ressource ›Kreativität‹ eindecken will, um Defizitängste loszuwerden, setzt sich erneut unter Stress und fühlt sich gar noch defizitärer, was das Bedürfnis nach Produkten, die Kreativität verheißen, weiter steigert. So entlastend es zuerst sein mag, sich Kreativität in Analogie zu einem Rohstoff vorzustellen, so sehr gerät man dadurch also nur noch tiefer in den Strudel, dem man eigentlich entkommen will.

Die Verunsicherung wird durch andere weitverbreitete Vorstellungen von Kreativität noch größer. Auch hieran hat gerade die Konsumwelt den größten Anteil. So suggerieren Produzenten und ihre Marketingabteilungen gerne, beim Kreativ-Sein müsse es sich um eine spezifische Tätigkeit handeln. Wie in anderen Fällen – etwa beim Wohnen – machen sie sich eine Tücke der Grammatik zunutze, die die Vorstellung nahelegt, jedes Verb stehe für ein bestimmtes Tätigsein. Als wäre Kreativ-Sein etwas wie Kochen oder Radfahren, lässt sich dann unterstellen, auch dazu bräuchte es speziell entwickelte Utensilien. Wer darauf verzichtet, muss hingegen befürchten, geradezu unprofessionell zu wirken – wie ein Sportler, der seine Aktivität ohne Funktionskleidung und spezifische Ausrüstung betreibt, die seine Leistung steigern könnte.

Doch da das Kreativ-Sein so wenig eine eigene Tätigkeit ist wie das Leben, sondern nur durch verschiedene Tätigkeiten wie Töpfern, Schreiben oder Klavierspielen veranschaulicht werden kann, wird die Hoffnung der Konsumenten, mit dem Erwerb bestimmter Dinge könnten sie endlich rein und innig schöpferisch sein, auch wieder und wieder enttäuscht. Die im Design und Marketing der Dinge sich spiegelnden Kreativitätsansprüche bleiben unerfüllt. Das wirkt jedoch nicht einmal negativ auf die Hersteller rück, sondern führt im Gegenteil sogar dazu, dass zur Besänftigung von Zweifeln und Enttäuschung gleich die nächsten Produkte erworben werden, die überzeugend damit werben, die Kreativität zu steigern.

Mal ist es ein Schreibblock, mal ein Teeservice, mal ein Füllfederhalter, was zu kreativen Leistungen zu disponieren verspricht. Am häufigsten aber sind es Möbel und Wohnaccessoires, denen die Aufgabe zukommt, für eine kreativ-animierende Atmosphäre zu sorgen, ja als Utensilien des Kreativ-Seins zu fungieren. Die meisten von ihnen folgen dabei den immer selben Gestaltungsprinzipien. So bestehen sie gerne aus recycelten Elementen oder zitieren eine Do-it-yourself-Ästhetik, sind also aus unterschiedlichen Teilen zusammengesetzt. Das wirkt improvisiert, individuell, gewitzt und weckt die Vorstellung, man selbst könnte sich ganz Ähnliches ebenfalls jederzeit einfallen lassen. Immerhin braucht es weder teure Materialien noch komplizierte Fertigungstechniken oder Expertenwissen, um etwas Originelles zu fabrizieren.

Vor allem in höherpreisigen Segmenten zelebrieren die Möbel und Objekte hingegen oft ihre Materialität – Holz, Stein, Papier –, was Lust auf weitere Bearbeitung und Gestaltung machen soll. Das Design mutet zudem meist handgemacht an, wieder wird also die Schwelle zwischen Produzent und Konsument gesenkt, dieser darf sich der Fantasie hingeben, selbst auch etwas zu machen oder einfach da fortzufahren, wo der Hersteller aufgehört hat. So finden sich immer wieder Stücke in einer Non-finito-Ästhetik, das Material ist also zum Teil ziemlich roh belassen. Entsprechend kann man sich vorstellen, wie man an und mit ihnen arbeitet; von ihnen geht ein Appell zu eigenem Tun aus, sie postulieren Intensität. Wer seine Wünsche in derart verfasste Gegenstände projiziert, dem geben sie, wie eine Kant'sche ästhetische Idee, viel zu denken, ohne einem bestimmten Ziel untergeordnet zu sein. Eben damit aber wirken sie inspirierend und verheißen eine Erfahrung von Freiheit und schöpferischer Potenz; man fühlt sich dadurch ebenso unspezifisch wie innig disponiert und kann sich auf einmal ziemlich sicher sein, das Wichtigste, Schönste und Beste noch vor sich zu haben.

Allerdings gilt das nur, solange man projiziert und reflektiert. Sobald man hingegen darangeht, die kreative Atmosphäre tatsächlich auszunutzen, droht Ernüchterung. Im direkten Umgang mit den Utensilien oder umgeben von gerade noch inspirierenden Objekten gelingt es oft doch nicht so mühelos, kreativ zu sein, wie es sich im Laden, bei der Betrachtung in einer Zeitschrift oder auf einer Website imaginieren ließ. Von dem, was man sich so großartig vorgestellt hat, bleibt schlimmstenfalls nur eine hilflose Tätigkeit im Leerlauf. Man verspürt zwar nach wie vor die Appelle der Formen von Non-finito, doch erzeugen sie mehr Unruhe als Aktivität.

Kreativ ist man also eher in der Einbildungskraft als beim Tätigsein, eher an einem ›Point of Sale‹ oder beim Blättern durch Magazine als dann, wenn man sich eigens Zeit für etwas nimmt. So stark Dinge einer Non-finito-Ästhetik dazu anregen mögen, selbst tätig zu werden, so oft bleibt das von ihnen Stimulierte erst recht unfertig. Nur wer es dabei belässt, zu planen, Projekte zu machen, Vorbereitungen zu treffen, alles jeweils Nötige zu besorgen, kann es schaffen, aktiv zu sein und dennoch das Gefühl zu wahren, die eigene Kreativität stehe unmittelbar vor dem Ausbruch.

Was auch immer man macht, entweder fühlt man sich also noch nicht oder nicht genügend kreativ. In beiden Fällen aber stellt sich der Eindruck ein, wahre Kreativität müsse noch etwas anderes sein und man werde ihrer nicht recht habhaft. Schließlich befürchtet man Defizite bei sich, für die frühere Generationen kaum einen Begriff gehabt hätten. So bedeutete der »Schwung«, in den Kants ›freies Spiel‹ versetzte, zwar auch schon, dass auf einmal vieles möglich schien, ja, es ging eine Erfahrung von Potenz damit einher, doch durfte man das einfach genießen, ohne zugleich dem Anspruch gehorchen zu müssen, nun tatsächlich selbst etwas daraus zu machen und eigene Kreativität unter Beweis zu stellen. Die Folgenlosigkeit der Reflexion war hier ein naives Privileg; erst unter dem Regime des Kreativitätsdispositivs ist daraus ein Problem geworden.

Zwar wäre dieses Dispositiv ohne die dazugehörigen Konsummärkte auch kaum so schnell und umfassend durchzusetzen gewesen, hat aber, wie sich zeigt, zugleich eine neue Form von Entfremdungserfahrung erzeugt. Nie zuvor wäre es Menschen – abgesehen vielleicht von Künstlern mit Schaffenskrisen – eingefallen, sich von ihrem wahren Selbst, ihrem Inneren, ihrer eigentlichen Bestimmung abgeschnitten zu fühlen, nur weil sie keine grandiosen Ideen haben und nicht immerzu etwas Originelles und Aufregendes produzieren.

Allerdings sind an der Differenz zwischen Anspruch und Realität, ja, an der Erfahrung, dass dieselben Konsumprodukte die Erfüllung von Wünschen verheißen und verweigern, nicht nur Tricks geschäftstüchtiger Werbeleute schuld. Vielmehr ist die doppelte – gegensätzliche – Wirkung von Produkten einem Phänomen geschuldet, das der kanadische Konsumtheoretiker Grant McCracken schon in den 1980er Jahren mit dem Begriff der »verschobenen Bedeutung« (»displaced meaning«) beschrieben hat.[68] Für ihn kann es zu einer Differenz- oder Entfremdungserfahrung kommen, wenn Ideale im Spiel sind. Wer sie in der eigenen, gegenwärtigen Lebenswelt für unrealisierbar hält und doch nicht davon ablassen will, siedelt sie in einer fernen Vergangenheit wie einem goldenen Zeitalter oder in einer fortgeschrittenen Zukunft an oder erklärt sie generell zu einer Utopie. Um aber dennoch die Erwartung hegen zu können, ihre Erfüllung vielleicht noch zu erleben, also nicht etwas grundsätzlich Unerreichbarem nachzuhängen, verknüpft man die Ideale mit realen Dingen. So entsteht eine Brücke zwischen dem, was schon existiert, und dem, was man sich wünscht.

Neben Erbstücken, Kunstwerken oder Orten der Natur, die sich alle als Gegenstände »verschobener Bedeutung« eignen, können auch Konsumprodukte zu Trägern ausgelagerter Sinnerwartungen werden – und werden oft genug von vornherein entsprechend codiert. Erinnern sie in ihrer Machart – Materialität, Verarbeitung, Inszenierung – etwa an die ›gute alte Zeit‹, lassen sich mit ihnen alle Ideale assoziieren, die man in jene schönere Vergangenheit verschoben hat.

Da es aber zum Topos geworden ist, die Moderne mit ihren Phänomenen der Industrialisierung, Beschleunigung, Anonymisierung, Kommerzialisierung usw. für kreativitätsfeindlich zu halten, ist es auch naheliegend, dass viele Artikel, die zu kreativem Tun inspirieren sollen, eine vormoderne Ästhetik des Handgemachten besitzen. Dabei geht es nicht nur darum, dass das Material, aus dem sie gemacht sind, etwa noch Spuren von Bearbeitung zeigt und deshalb dazu stimuliert, ebenfalls mit den eigenen Händen tätig zu werden. Vielmehr wecken Möbel, Accessoires und Utensilien, die kreativ werden lassen sollen, innere Bilder, auf denen man sich selbstbestimmt in einer überschaubaren, heimeligen Welt am Werkeln sieht. Dagegen sind industriell gefertigte Produkte oft zu perfekt, damit sich überhaupt noch jemand in der Lage und berechtigt fühlt, selbst auch aktiv zu werden und etwas herzustellen. Ihnen gegenüber verspürt man, überfordert von der Vorstellung, wie genau sie fabriziert sind, eher »prometheische Scham«, wie der Philosoph Günther Anders das beschrieb.[69]

Die Designtheoretikerin Melanie Kurz hat analysiert, welche Verführungskraft von Produkten und Marketingkampagnen ausgeht, die das Handwerkliche beschwören. Sie diagnostiziert eine Sehnsucht nach einer »antiindustriellen Revolution«, die jedoch als »elementare Voraussetzung« gerade »materiellen Wohlstand auf Grundlage von industrieller Massenproduktion« habe.[70] Kaum jemand würde also ernsthaft auf die Errungenschaften der Moderne verzichten wollen, doch sind in ihr – wie mit der Kreativität – Ideale entstanden, die besser erfüllbar erscheinen, wenn man hinter sie zurückgeht. So sind viele Kreativprodukte in doppelter Hinsicht als symbolisch aufzufassen: Sie stehen für einen Antimodernismus, der aber nur aufgerufen wird, damit sich die Bedeutung all dessen auf sie verschieben lässt, was mit ›Kreativität‹ assoziiert wird. In derart symbolhaften Dingen scheint die Erfüllung von Wünschen also zum Greifen nah, zugleich entpuppt sich diese Nähe immer wieder insoweit als Illusion, als die Eigenheit von Idealen gerade darin besteht, Sinn zu verheißen, aber auch Verheißung zu bleiben.

Die bevorzugten Orte der Kreativität sind somit das Innere, wo sie unzugänglich wie ein tief verborgener Bodenschatz begraben liegt, sowie eine imaginäre Vergangenheit, zu der sich höchstens indirekt über Dinge Kontakt finden lässt, deren Erscheinungsweise an vormoderne Lebensweisen erinnert. Das macht bewusst, wie stark Kreativität als Ideal fungiert, wie sehr es aber auch zu Problemen geführt hat, sie allen Menschen zuzusprechen und entsprechend von allen Menschen zu erwarten. Um sich von den damit einhergehenden Ansprüchen zu entlasten, braucht es gute Ausreden, warum man selbst doch nicht kreativ ist. Dass man unter Zeitmangel leide und es die Anforderungen, die das gegenwärtige hoch industrialisierte Leben stelle, einfach nicht zuließen, kreative Fähigkeiten auszuleben, wird dann zur beliebten Entschuldigung. Sie geht auf Kosten der Gesellschaft und Zivilisation, in der man lebt, und nährt einen Kulturpessimismus, der vermutlich viel geringer ausgeprägt wäre, frönte man nicht zu ehrgeizigen Idealen.

Künstler als Musen

Wie stark sich das Kreativitätsdispositiv durchgesetzt und für neue Märkte gesorgt hat, ist aber nicht nur an der Konsumwelt zu bemerken. Einschneidende Veränderungen gab es vielmehr vor allem auch innerhalb der Kunst und insbesondere hinsichtlich der Art und Weise, wie Künstler mittlerweile betrachtet werden. Hellsichtig widmete Bruce Nauman bereits 1966/67 einige kritisch-ironische Arbeiten den Erwartungen, mit denen Künstler im Zeitalter der Kreativität konfrontiert sind. [Abb. 1] Motto dieser Arbeiten ist der Satz »The true artist is an amazing luminous fountain« (»Der wahre Künstler ist eine bewundernswerte spirituelle Quelle«). Am bekanntesten wurde dabei die Fotografie »Self-Portrait as a Fountain«, auf der man den Künstler als sprudelnde Quelle sieht: als jemand, der nicht durch seine Werke, sondern dank der Präsenz seiner aus dem Inneren kommenden schöpferischen Fähigkeiten zum Vorbild und Anreger für andere Menschen wird. Die Hände hält er geöffnet und von sich gestreckt, so als wolle er bewei-

Abb. 1: Bruce Nauman: Self-Portrait as a Fountain, Fotografie, 50 × 59 cm, 1966/67

sen, dass er seine Kreativität nicht für sich nützt, sondern selbstlos in den Dienst anderer stellt. Er ist unbekleidet und damit ungeschützt, was ihn, zumal in Verbindung mit einem ergeben wirkenden Gesichtsausdruck, erst recht als jemanden erscheinen lässt, der sich anderen hingibt oder ihnen ausgeliefert ist.

Auch wenn noch so viele Konsumprodukte noch so viel Kreativität verheißen, wird ihr Transfer also niemand eher zugetraut als dem Künstler. Hatte Beuys ihn als Provokateur bestimmt, der verlegte Wege zur Kreativität freiklopfen soll, so sehen diejenigen, die sich von den Kreativitätsimperativen unter Druck gesetzt fühlen, in ihm doch viel mehr die Instanz, die über die Ressource ›Kreativität‹ verfügt und sie daher auch umverteilen kann. Dies gilt umso mehr, als künstlerische Potenz in der Moderne nicht mehr als Gunst oder Gabe, schon gar nicht mehr als Gottesgnadentum angesehen wird. Vielmehr wird ihr Ursprung in den Künstlern selbst festgemacht. Diese steigen mit der Etablierung der Kunstreligion bereits in der Romantik zu Sinnstiftern, sogar zu Weltenschöpfern auf. Viele Künstler sahen sich – zumal in den Avantgarden – als gottähnliche Demiurgen und nahmen für sich schon die Freiheit und kreative Kraft in Anspruch, die Beuys später jedem Menschen zusprach. Das verlieh ihnen die Legitimation, ihre Werke in Analogie zu einem kompletten neuen Weltentwurf zu verstehen. Es verschaffte ihnen die Möglichkeit, Urheberrechte für alles zu reklamieren, was sie schufen, brachte ihnen im Weiteren jedoch auch die Erwartung ein, andere ebenfalls mit Kreativität zu versorgen. So wie früher Gott die Künstler mit schöpferischen Kräften versah, sind es nun auf einmal sie, die, so die Hoffnung, ihrerseits Kreativität auf andere Menschen übergehen lassen können. Wo Gott nicht mehr hilft, sollen es die Künstler richten. Von ihnen wünscht man sich Gunst und Gnade.

Für die Kunst bedeutet das, dass sie genauso inspirierend und ansteckend wie mäeutisch oder provokant sein soll. Zumindest aber hat sie – wie ein Konsumprodukt – eine palliative Wirkung auszuüben, die darin besteht, denjenigen, die gerne selbst kreativ wären, die Angst zu nehmen, sie seien es nicht. Ein Künstler oder die Begegnung mit einem Kunstwerk soll also das gute und beruhigende Gefühl vermitteln, man könnte, wenn man nur wollte, jederzeit auch etwas Bedeutsames entdecken oder Großes vollbringen. Die Kunst hat in eine Stimmung zu versetzen, in der man sich vielfältig disponiert, im Besitz starker Optionen, gleichsam in einem Modus des Potenzialis, eines ›Alles-ist-Möglich‹ fühlt.

Wie es in den letzten Jahrzehnten üblich geworden ist, Menschen danach zu fragen, was sie inspiriert, ist es auch zum Topos geworden, dass dann Namen von Künstlern oder einzelnen Werken fallen. Um ein – ebenso beliebiges wie typisches – Beispiel zu zitieren: Die britische Journalistin Rosa Park, Mitgründerin eines Lifestylemagazins, gibt in einem Interview zur Antwort: »Meine Inspirationsquellen sind fortwährend im Fluss, dabei aber meist visuell orientiert. Kürzlich fand ich in Werken von Agnes Martin, Sugimoto und Fred Sandberg Inspiration.«[71] Was genau sie den unterschiedlichen Künstlern zu verdanken hat, wozu diese sie also anregten oder wie sie ihr mehr Kreativität zukommen ließen, wird ebenso wenig angesprochen wie andere Gründe für eine Beschäftigung mit Kunst.

Tatsächlich dürfte auf die Frage nach den Funktionen von Kunst gegenwärtig die häufigste Antwort sein, der Rezipient werde inspiriert und auf diese Weise zu eigenen schöpferischen Aktivitäten disponiert. Wie zu anderen Zeiten ›delectare et prodesse‹ oder Sensibilisierung oder Läuterung oder Revolution zur Hauptaufgabe der Kunst erklärt wurde, ist es seit ein paar Jahrzehnten also die Stimulation von Kreativität. Von manchen Kunstkritikern werden Rezipienten sogar eigens dazu aufgefordert, sich bei jedem Werk – etwa in einer Ausstellung oder bei einem Konzert – zu fragen, ob es der »Kreativitätsförderung« dienlich ist. Beim Hören von Musik, so die Kritikerin und Autorin Stephanie Merritt, solle man immer fragen: »Hat sie Ihnen Energie vermittelt?«[72]

Diese Funktionsbestimmung der Kunst hat viele Werke bereits an für sie neue Orte geführt. So haben zahlreiche Unternehmen ab den 1980er Jahren damit begonnen, eigene Kunstsammlungen einzurichten. Stolz wird davon berichtet (es klingt fast wie bei Tolstoi), dass sich »nach dem Kunstkontakt« bei Mitarbeitern »Kreativitätsschübe« bemerken ließen.[73] Mit solchen Aussagen lässt sich nicht nur dem Misstrauen begegnen, die Kunstsammlung könnte vielleicht nur eine eitle Liebhaberei von Vorständen und Chefs sein, die dafür Unternehmenskapital unwirtschaftlich ausgeben, sondern es erscheint sogar als betriebswirtschaftlich klug, möglichst viele Mitarbeiter mit Kunst in Kontakt zu bringen. Managementratgeber und selbst wissenschaftliche Zeitschriften sind voll von Beiträgen, in denen Nutzen und Notwendigkeit einer Beschäftigung mit Kunst für eine erfolgreiche Unternehmensführung hervorgehoben wird. Zwischenüberschriften eines 2013 publizierten Aufsatzes von Edgar H. Schein, einem der weltweit führenden Organisationspsychologen, lauten etwa: »Kunst und Künstler stimulieren uns dazu, mehr zu sehen, mehr zu hören und mehr von dem zu erfahren, was in uns und um uns herum stattfindet«; »Ein Künstler kann uns dazu stimulieren, unsere Fähigkeiten, unser Verhaltensrepertoire und unsere Reaktionsschnelligkeit zu optimieren«; »Die Rolle der Künste und der Künstler besteht darin, unseren eigenen ästhetischen Sinn zu stimulieren und zu legitimieren«; »Der Künstler bringt uns mit unserem kreativen Selbst in Verbindung«.[74]

Da die gottgleichen Künstler die Ressource ›Kreativität‹ nicht nur selbst üppig haben, sondern sie offenbar auch verteilen oder den Zugang zu ihr eröffnen können, gerät das Bedürfnis, Kunstwerke zu würdigen und als genuine eigene Schöpfungen zu rezipieren, gegenüber dem Wunsch in den Hintergrund, so viel schöpferische Kräfte wie möglich für sich selbst – die eigenen Mitarbeiter, das eigene Unternehmen – zu sichern. Aus dem Künstler, der in der Moderne eine enorme Aufwertung erfahren hat, wird der Funktion nach also eine Muse: jemand, der weniger über seine Werke als darüber definiert ist, anderen die Möglichkeit zu kreativem Tun zu eröffnen.

Darin liegt eine Paradoxie oder gewisse Ironie, hätten die Künstler ohne ihre vorausgehende Erhebung in den Gottesstand doch gar nicht in die Lage geraten können, sich nun als Dienstleister für Kreativitätsbedürftige wiederzufinden. Zwar mag es sich hierbei um eine besonders kostbare Dienstleistung handeln (selbst wenn sie von Badeperlen oder Kräutertees genauso angeboten wird), doch erscheint sie, gemessen an der Idee vom Künstler als Schöpfer genialer Meisterwerke, als enorme Herabstufung. Es zeigt sich daran eine dramatische Verlagerung der Interessen an der Kunst, die den Künstler geradezu zu einem Opfer werden lässt: Statt die ihm innewohnende Kreativität ganz für sich nutzen und in große Werke umsetzen zu können, hat er sie weiterzugeben und zu verteilen, soll auf die Bedürfnisse all der Menschen reagieren, die sonst in dauernder Sorge leben, selbst zu wenig kreativ zu sein.

Absorbierten Künstler früher – und gerade in der Moderne, in der sie zu Göttern aufstiegen – häufig die Energien der Rezipienten dafür, ihre großen, vielschichtigen, hermetischen Werke zu erschließen, beanspruchten sie somit ein Maximum an Konzentration und Hingabe, so öffnen sie sich mittlerweile im Wissen um ihre wichtige soziale Rolle. Anderen verheißen sie aktive Teilhabe, sodass möglichst viel ihrer kreativen Energie übergehen kann. Daran zeigt sich die Macht des vorherrschenden – demokratisch-marktwirtschaftlichen – Verständnisses von Kreativität.

Sollte den Künstlern angesichts dieses Opfers aber nicht auch mehr Dankbarkeit entgegengebracht werden, als dies bisher der Fall ist? Zumindest sollte ermessen werden, was es für sie bedeutet, dass sie ihrem Selbstverständnis nach lange zentripetal waren und vieles aufsogen, um es in ihren Werken verdichtet umzusetzen, ihre Dynamik nun aber unter dem Einfluss des Kreativitätsdispositivs zentrifugal geworden ist, sie ihre Kräfte also verschleudern, damit andere davon stimuliert werden.

Gerade mit anspruchsvollen Meisterwerken haben viele Menschen mittlerweile ein Problem, wirken sie doch oft eher einschüchternd. Man spürt angesichts solcher Werke die eigene Kleinheit, fühlt sich gar ohnmächtig und begrenzt in seinen Optionen. War es für jemanden wie Wilhelm Heinrich Wackenroder und etliche Generationen von Bildungsbürgern nach ihm beglückend, »die Kunst [als etwas] über dem Menschen« zu erfahren, um so eine »Auflösung und Reinigung aller unserer Gefühle« zu vollbringen, die im Vergleich zu einem großen Werk nur allzu unbedeutend waren,[75] so geht es den heutigen kreativitätsgierigen Individuen darum, sich auf einer Stufe mit Künstlern zu begreifen, um, davon motiviert, selbst schöpferisch tätig zu werden. Und wenn große Schöpfungen früher als Weckruf für eine nächste Generation von Genies, als Ansporn zu einem Wettstreit über die Zeiten hinweg galten, drohen sie heute zu Spielverderbern eines egalitären Verständnisses von Kreativität zu werden. Michel Houellebecq bezeichnet ein Meisterwerk daher sogar als »Sackgasse«: in seiner Überlegenheit so abgeschlossen, dass es keine weiteren Werke auslöst.[76]

Damit Kunst Kreativität freisetzen kann, darf sie also nicht übermächtig erscheinen und Reaktionen wie Demut und Hingabe verlangen. Statt der Werke darf (und soll) dafür die Präsenz oder Aura des Künstlers Bewunderung wecken, die Nähe zu ihm gar in einen erregenden Ausnahmezustand versetzen. Die Performancekünstlerin Marina Abramović etwa war nie so erfolgreich wie bei ihrer Retrospektive im *Museum of Modern Art* in New York im Jahr 2010, als sie während der gesamten dreimonatigen Ausstellungszeit stumm an einem Tisch im Atrium des Museums saß und sich auf dem Platz ihr gegenüber Besucher niederlassen konnten, um für ein paar Minuten die Anwesenheit der Künstlerin zu spüren und deren Kräfte ganz auf sich gerichtet zu erfahren. Passend dazu hieß die Performance »The Artist is Present«; die schöpferische Potenz sollte als Gabe an andere fungieren, die gestärkt, beschwingt, ihrerseits kreativ gestimmt wurden. Sie könne »eine stärkere Motivation bewirken«, bemerkt Abramović, beschreibt ihr Weitergeben von Kreativität aber auch als Phase eines größeren Kreislaufs. So verweist sie im selben Zusammenhang darauf, sich ihrerseits »gern zur Quelle, an die Orte der Natur mit einer bestimmten Energie« zu begeben, »die man als Künstler aufnehmen und in seine eigene Kreativität umsetzen kann«.[77] Wie gut Abramović das von ihr selbst Aufgenommene weiterfließen lassen konnte, belegen beglückte Äußerungen von Besuchern, die die Begegnung mit ihr als »unglaubliche Inspiration (»incredible inspiration«) erfuhren.[78]

Persönliche Nähe zu Künstlern finden zu können, ist auch ein Hauptargument vieler Sammler dafür, sich auf zeitgenössische Kunst zu spezialisieren. Der Erwerb materieller Werke ist für sie vor allem anderen die Voraussetzung dafür, Zugang zum Künstler selbst zu bekommen; er ist ihnen wichtiger als das, was sie an die Wände hängen können. So kaufte der Sammler Friedrich

Christian Flick Werk um Werk von Bruce Nauman, bis
er ihn endlich in New Mexico besuchen durfte. Aus seiner
Sicht ein lohnendes Unterfangen, denn ein Künstler
sei, so Flicks Worte, »dem Schöpfungsprozess näher«.[79]
Im zeitgenössischen Künstlerroman ist das Motiv
ebenfalls bereits angekommen. So wird in Silke Scheuermanns
Roman *Shanghai Performance* (2011) als eine der
größten Fähigkeiten der Hauptprotagonistin, der an
Vanessa Beecroft angelehnten Künstlerin Margot Wincraft,
hervorgehoben, dass sie gute Partys organisieren
kann. Dabei geht es ihr als Gastgeberin und »Meisterin«
der Party darum, unterschiedliche Menschen zusammenzubringen.
Ihre Partys sind »völlig unangestrengt«,
und es gelingt ihr, dass alle – es kommt einem Pfingstwunder
gleich – »respektvoll, vorurteilsfrei, neugierig«
miteinander umgehen und sich freier, inspirierter fühlen
als sonst. Selbst »Partymuffel und Arbeitstiere« machen
»eine Ausnahme«, zugleich laufen »schüchterne Genies
[…] zu Hochform« auf, Leute kommen plötzlich »auf
wunderbare Ideen«, bisher Unbekannte haben Sex miteinander
– und es heißt: »Dass die zwei miteinander
können, hätte keiner gedacht – aber sie haben sich bei
Margot kennen gelernt«.[80]

Künstlerische Begabung besteht auf einmal also darin,
andere in Schwung zu versetzen und mit jenem Geist des
›Alles-ist-Möglich‹ anzustecken. Assoziationsvermögen
äußert sich als Fähigkeit zu Networking. Eine Romanfigur
wie die Künstlerin Margot Wincraft unterscheidet
sich damit auch nicht von einem – ihrerseits gerne als

Künstlerin auftretenden – Popstar wie Lady Gaga, die 2012 über ihre Arbeit bemerkte: »Ich mache keine Alben, damit die Leute sich das anhören und sagen: ›Wow, sie ist ein Genie!‹ Ich möchte einfach, dass du dir einen Drink bestellst, vielleicht die Person küsst, mit der du an diesem Abend ausgehst, oder dass du etwas aus deiner Vergangenheit entdeckst, was dich stärker werden lässt.«[81]

Durch die Begegnung mit einem Künstler oder seinem Werk stärker zu werden, ist zum zentralen Thema einer Gesellschaft geworden, in der es nicht nur um Kreativität, sondern insgesamt viel um Fitness und Leistung geht. Genügte zu Schillers und Wackenroders Zeiten noch die bloße Rezeption von Kunst, um zu sich selbst finden, eine Befreiung aus Entfremdung erlangen, neue Kraft entwickeln zu können, ist dafür heute eigene schöpferische Tätigkeit nötig, die jedoch erst von außen initiiert werden muss.[82] Das neue Rollenbild begreift den Künstler als spirituelle Variante von Motivationstrainer. Er hat seinen Platz im Spektrum anderer Dienstleister für das immerzu gefährdete Individuum: zwischen Psycho- und Physiotherapeut, zwischen Coach und Seelsorger, zwischen Ernährungs- und Vermögensberater.

Eine Konsequenz davon wird sein, dass von den meisten heute aktiven Künstlern kaum noch ein ›catalogue raisonné‹ erstellt werden wird. Lange Zeit galt ein solches Gesamtverzeichnis aller Werke als Zeichen zeitüberdauernder Anerkennung. Manche Künstler – wie etwa Paul Klee – katalogisierten sogar schon zu Lebzeiten alle Arbeiten genau oder datierten – wie etwa

Kasimir Malewitsch – einzelne Bilder um, womit sie jeweils bezeugten, nicht nur einen Begriff von Werk, sondern genauso eine Idee von einem Gesamtwerk zu haben. Letzteres war vor allem in der Moderne wichtig, als Künstler sich als autonom verstanden. Denn nur so war ein übergeordneter Maßstab gegeben, an dem sich die Qualität einzelner Werke beurteilen ließ, und auch nur so konnten diese in einen verbindlichen Zusammenhang zueinander gebracht werden. Stehen Künstler hingegen in einem Dienstverhältnis, definieren sich die Ansprüche von Projekt zu Projekt neu, und die dabei entwickelten Arbeiten werden jeweils an den spezifischen Rahmenbedingungen gemessen. Sofern es sogar so weit kommt, dass Künstlersein nicht mehr vornehmlich im Schaffen eigener Werke besteht, wird ein Begriff von Gesamtwerk erst recht obsolet. Es wäre dann auch unklar, was in einen ›catalogue raisonné‹ Eingang zu finden hätte: Etwa die Partys, bei denen es für die Gäste zu inspirierenden Erlebnissen kommt? Oder die Momente, in denen die Anwesenheit eines Künstlers als Stimulation empfunden wurde?

Wie wenig Künstler zum Teil bereits heute ein Gesamtwerk im Blick haben, zeigt sich auch daran, dass viele höchst heterogene Arbeitsformen parallel betreiben. Zwischen einzelnen Projekten, etwa einer Performance, einer Installation, einem Film und einem Text, gibt es oft weder formal noch inhaltlich nennenswerte Ähnlichkeiten und erst recht keine kohärente, kontinuierliche Entwicklung. Dafür lässt sich ein derart heterogenes Agieren einmal mehr als Folge der Erwartung an die Künstler deuten, inspirierend und motivierend auf andere zu wirken. Dass sie mit fast jeder neuen Arbeit überraschen, nicht vorhersehbar sind und gerade keinem festen Programm folgen, lässt sie zum Inbild frei sprudelnder Kreativität werden. Je stärker von ihnen die Verheißung ausgeht, man könne sich in jedem Augenblick neu erfinden und frei, unbelastet von der eigenen Vergangenheit sein, desto mehr Aufmerksamkeit ist ihnen garantiert. Und während ein bildungsbürgerlicher Rezipient alter Schule ihnen mangelnden Ernst vorhalten mag und sich schwerer denn je tut, einzelne Werke zu interpretieren, fühlen sich diejenigen, die selbst gerne kreativ sind, bestätigt in ihrer Hoffnung, es lasse sich alles mal ausprobieren, und wichtiger als das Erschaffen ewiger Meisterwerke sei das Erleben der eigenen schöpferischen Kräfte in all ihrer Unberechenbarkeit.

Vom Werkstolz zum Netzwerkstolz

Da aufgrund der vielen Formen von Inspiration mehr Menschen als in früheren Zeiten zu eigenen kreativen Leistungen angeregt werden, entstehen auch ungleich mehr Artefakte aller Art als je zuvor. Selbst wenn viele Ambitionen auf der Strecke bleiben und nur ein Bruchteil dessen, was in kreativen Atmosphären geplant wird, zur Ausführung gelangt, ist es erstmals weit mehr als bloß eine Minderheit, die sich mit dem, was sie hervorbringt, um Aufmerksamkeit bemüht. Die Bedingungen einer Wohlstandsgesellschaft, in der zahlreiche Menschen sowohl über viel freie Zeit als auch über Geld verfügen, begünstigen diese Entwicklung erst recht. In der Summe gibt es daher so viele Ausstellungen, werden so viele Bücher gedruckt, finden so viele Events statt, werden so viele Musikstücke eingespielt und so viele Blogbeiträge verfasst, dass selbst jemand, der sich ausschließlich als hingabebereiter Rezipient betätigt, keine Chance hat, auch nur in einem einzigen Bereich halbwegs nachzukommen. Vielmehr ist Rezipientenaufmerksamkeit gemessen an der Produktivität der Kreativen zu einer immer knapperen Ressource geworden, und auch dass die Ansprüche an die Intensität des Rezipierens infolge des Verzichts vieler Künstler auf hermetische Werkformen im Allgemeinen geringer geworden sind, ändert an diesem Missverhältnis nicht viel.

Das gesamte Kultursystem ist, wie die Autoren des 2012 publizierten Buchs *Der Kulturinfarkt* diagnostizieren, »einseitig auf Produktion fixiert« und steht daher, so die drastische These, vor dem Kollaps, der nur durch massive Einschnitte in der Kulturförderung zu vermeiden sei.[83] Der Aktionsphilosoph Bazon Brock schlug angesichts des relativen Nachfragemangels sogar vor, nicht länger die Kreativen, sondern das Publikum zu entlohnen, das die kostbare Rezeptionsarbeit leistet. Zugespitzt und weitergedacht würde das »honorierte Zuhören«[84] bedeuten: Statt eines Urheberrechts, das die Ansprüche der Kreativen sichert, bräuchte es ein Rezipientenrecht, das die Leistungen derer, die sich auf Artefakte anderer einlassen, unter Schutz stellt.

Die hartnäckigen und engagierten Debatten über das Urheberrecht sind nicht zuletzt Folge davon, dass Werke allein aufgrund ihrer unübersehbaren Anzahl an Wertschätzung einzubüßen drohen. Vielleicht wird der traditionell schöpferisch Tätige, der nicht auf den Rezipientenmangel reagiert und weiterhin unbeirrt dicke Romane schreibt, verschlüsselte Bilder malt, CDs produziert, Theaterstück um Theaterstück aufführt, bald sogar altmodisch erscheinen. Könnte es nicht als sozial rückständig und selbstverliebt wahrgenommen werden, wenn jemand nicht über herkömmliche Werkformen hinauszudenken vermag? Und ist das unbedingte Originellseinwollen dann nicht auch eine etwas peinliche Art und Weise der Selbstbehauptung? Zeigt sich daran nicht zuletzt, dass jemand noch nicht verstanden hat, wie sehr es einem Großteil des Publikums darum geht, sich selbst kreativer erleben zu können, nicht aber darum, sich aufwendig Zugänge zu ambitionierten Werken anderer zu bahnen, um eventuell mit ein paar Einsichten, einem vagen Gefühl von Eingeweihtheit belohnt zu werden?

Wer die Zeichen der Zeit erkannt hat, setzt also auf offenere Formen, um anregend auf andere wirken zu können. Und statt Rezipienten zur Last zu fallen und sich als eitel oder rücksichtslos kritisieren lassen zu müssen, nützt man die eigenen kreativen Energien lieber dazu, anderen gezielt eine Freude zu machen. So verwandeln sich die Künstler »vom Werkproduzenten zu Initiatoren von Atmosphären«, wie auch Andreas Reckwitz feststellt.[85]

Der Rollenwandel der Künstler und das Phänomen der Werkdämmerung werden zusätzlich durch die Revolutionen vorangetrieben, die sich auf dem Feld der Medien ereignet haben und weiter ereignen. Gerade durch die Entwicklung der Sozialen Netzwerke – von *Facebook* bis *Tumblr*, von *Twitter* bis *Instagram* – erfahren Artefakte und Gestaltungen einen Funktions- und damit einhergehend auch einen Formwandel. Zugleich findet sich hier neben der Idee der Demokratisierung und der Dynamik der Ökonomisierung ein dritter entscheidender Faktor, der die Macht des Kreativitätsdispositivs bis auf Weiteres unangreifbar erscheinen lässt.

Generell werden Bilder, literarische Texte oder Musikstücke in den Sozialen Netzwerken zu Spielarten der Kommunikation. Sie dienen der Inszenierung derer, die sie entwickeln und posten, sind oft aber auch von vornherein an bestimmte Adressaten oder eine Community gerichtet. Mit ihnen soll ein Verbundenheitsgefühl gestärkt oder ein emotionaler Kick vermittelt, ein schöner Moment geteilt oder etwas Cooles gezeigt werden. Das alles steht in Kontrast zu den Idealen, die in Kunstinstitutionen wie Museen und Konzertsälen lange Zeit dominierten, als man die Werke am liebsten losgelöst von allen Bezügen – an sich – präsentierte, um der Überzeugung Ausdruck zu verleihen, sie seien etwas überzeitlich Gültiges und trügen ihre Bedeutung unabhängig von Anlässen, Adressaten und Situationen in sich.

Anders als im herkömmlichen Kunstbetrieb mit seinen Konventionen des Ausstellens und Handelns ist es auf den Plattformen des Internets auch möglich geworden, dass »Produktion, Präsentation und Distribution von Kunst« – oder, allgemeiner: von Artefakten – koinzidieren, wie der Medienphilosoph Boris Groys hervorhebt. Damit aber besteht die Option, »dass ein Künstler kein finales Produkt, kein Kunstwerk mehr produzieren muss«.[86] Vielmehr lässt sich jede Gestaltung im Nu je nach Anlass, Kontext, Adressat und Interesse mit ein paar Klicks und der richtigen App variieren.

Das Pathos, das die Idee des vollendeten Werks lange Zeit begleitete, wird damit schal. Plötzlich erscheint es gar nur noch als Kompensation des Haderns vieler Künstler damit, dass sie ihre Arbeit an einem Buch oder Gemälde irgendwann abschließen mussten, weil ein Drucktermin oder eine Ausstellungseröffnung nahte. Dass sie etwas notgedrungen zu beenden hatten, überhöhten sie also zu der Vorstellung, es vollendet – ins Überzeitliche überführt – zu haben. Je weniger es aber noch den Zwang gibt, endgültig mit einer Arbeit abzuschließen, desto eher schwindet auch der Ehrgeiz, sich um etwas zu bemühen, was dauerhaft Geltung haben könnte. Spontaneität und Flexibilität sind auf einmal höhere Werte als Originalität und Überzeitlichkeit, direkte Resonanz zählt mehr als die Aussicht, irgendwann in einem Geschichtsbuch aufzutauchen.

Exemplarisch hat David Hockney in den letzten Jahren vorgemacht, was es heißen kann, als Künstler nicht mehr nur Werke mit dem Anspruch auf Dauer und Autonomie zu schaffen, sondern sich genauso darauf zu verlegen, die eigene produktive Kraft für musenartige Geschenke an andere Menschen fruchtbar zu machen. So hat er, zuerst auf dem *iPhone*, dann auf dem *iPad* zu zeichnen begonnen, um die so entstandenen Bilder – Landschaften, Blumensträuße, Blicke aus Fenstern – an einen Kreis von rund zwanzig Freunden zu verschicken. [Abb. 2] Mit diesen Bildern verfolgt Hockney gerade nicht den Anspruch, die Gattungs- oder Kunstgeschichte zu revolutionieren oder mit avantgardeskem Gestus

Werke anderer Künstler infrage zu stellen. Wer ein solches Bild, dessen Charakter vielmehr skizzenhaft ist und das den Entstehungsprozess nicht verbirgt, zugesendet bekommt, erlebt dafür das Glück der Teilhabe, fühlt sich persönlich angesprochen und inspiriert. Hockney selbst sagt dazu, er »zeichne täglich Blumen und schicke sie an Freunde, damit sie jeden Morgen frische Blumen bekommen«. Er stellt sich vor, wie sie »beim Aufwachen« sagen: »›Schauen wir mal, was uns David geschickt hat‹.«[87]

An die Stelle künstlerischen Werkstolzes tritt hier etwas, das man als Netzwerkstolz titulieren könnte: Der Künstler will mit dem, was er tut, nicht länger allem überlegene Werke schaffen, sondern seine Begabung dazu nutzen, in engere Verbindung zu anderen Menschen zu treten, denen er das Gefühl vermittelt, sie seien Teil einer Gemeinschaft, die von ihm zu neuen Wahrnehmungen gebracht und mit zusätzlichen Anregungen versorgt wird. Digitale Kommunikationstechnik ermöglicht Hockney also Musenküsse von ungeahnter Wirksamkeit. Nie zuvor ließ sich eine Inspiration so persönlich adressiert und so spontan erleben wie in den von ihm genutzten Medien.

Zu einer Minderung des Werkstolzes tragen die digitalen Techniken auch deshalb bei, weil dank hoch entwickelter Foto- und Bildbearbeitungsprogramme mittlerweile jeder schnell gute Bilder machen und online verbreiten kann. Während ein Maler oft Wochen, gar Monate für ein Gemälde brauchte, aber auch Fotografen im analogen Zeitalter für Vorbereitung und Entwick-

Abb. 2: David Hockney: The Arrival of Spring in Woldgate, East Yorkshire in 2011 – 12 April, No. 2, Zeichnung auf iPad

lung eines Fotos ziemlich viel Zeit aufwenden mussten, bevor sie – vielleicht – ein sehenswertes Bild zustande brachten, ist es heute oft nur eine Angelegenheit weniger Sekunden, um ein interessant und professionell wirkendes Foto zu erzeugen. Die Technik verhilft selbst nicht spezifisch Begabten zu effektstarken Bildern. Wo aber so wenig Lebenszeit und Herzblut eingesetzt wurde, so wenig Risikobereitschaft und Ambition nötig ist, wird der Urheber auch kaum großen Stolz empfinden und keine enge Bindung zu seinen Bildern aufbauen. Er beansprucht vielleicht nicht einmal mehr besondere Rechte für sich, sondern kann das, was er geschaffen hat, leicht loslassen.

Andererseits steigern die Funktionsweisen der Sozialen Medien den Netzwerkstolz, ist doch viel Arbeit und Ausdauer vonnöten, bis man auf nur einer, erst recht auf mehreren Plattformen halbwegs gut vernetzt ist. Follower müssen gewonnen und gepflegt werden. Links und Kommentierungen anderer sind – außer man verfügt bereits von andernorts über Prominenz – überhaupt erst Voraussetzungen dafür, dass die eigenen Beiträge wahrgenommen und daraufhin vielleicht geteilt und weitergepostet werden. Im selben Maß, in dem die Produktion eines Artefakts leichter geworden sein mag, hat sich die Postproduktion also verkompliziert. Bis das schnell geschossene Foto für die Sozialen Medien aufbereitet und mit den richtigen Hashtags markiert ist, verlangt es einiges an Handarbeit und erst recht eine Menge an Erfahrung. Dies alles ist auch (zumindest bis jetzt) Sache jedes Einzelnen; es gibt dafür keine Verlage oder Agenturen. Zum Aufbau eines Netzwerks brauchen die meisten Jahre, daher ist es kein Wunder, wenn das ähnlich stolz macht wie früher ein Werk, in das viel Zeit gesteckt wurde.

Zugleich war es aber nie zuvor möglich, die erfahrene Inspiration so direkt weiterzugeben, umzusetzen und auszuleben wie in den Sozialen Netzwerken. Sie sind ein Ort, an dem sich das, was ein Musenkuss auslöst, entweder sogleich in eine andere Form verwandeln lässt, die seinen Charakter bewahrt, oder wo er selbst unverändert weitergegeben wird, was wiederum auf andere inspirierend wirken kann, es vor allem aber auch erlaubt, die selbst erfahrene Beglückung noch bewusster zu erleben.

Erst allmählich wird erkennbar, welche Folgen es hat, dass in den Sozialen Medien nicht nur Worte, sondern gerade auch Bilder zur Live-Kommunikation verwendet werden. Auf einmal wird der Austausch von Bildern zu einer selbstverständlichen Angelegenheit, und Erfahrungen, die bisher auf die Sprache beschränkt waren, sind nun genauso bei Fotos, Zeichnungen oder Grafiken möglich. Besaß Literatur nicht zuletzt deshalb immer einen besonderen Stellenwert, weil Schriftsteller dasselbe Medium nutzen wie jeder Mensch im Alltag, aber origineller, präziser, virtuoser damit umgehen, so bedienen sich nun also auch alle, die mit Bildern online kommunizieren, derselben Medien wie Künstler und Profifotografen. Deren Bilder lassen sich daher genauso von jedem

Laienproduzenten als Maßstab oder Inspiration verwenden wie ein literarischer Text, der direkt oder indirekt dazu anleitet, wie man als einfacher Sprachnutzer etwas formuliert. Gehört zu den Topoi des Umgangs mit Literatur die Aussage, ein Schriftsteller habe einem mit einer Beschreibung gleichsam die Worte aus dem Mund genommen, ja, man finde das eigene Empfinden genau auf den Punkt gebracht, so wird es künftig ebenso üblich sein, beim Anblick eines Bildes zu glauben, man hätte es selbst ganz ähnlich machen können. Dass man im selben Medium agiert wie ein Profi, lässt immer hoffen, man könne auch auf genauso gute Einfälle kommen. Das aber steigert den stimulierend-inspirierenden Charakter von Bildern, denen viele nicht länger als bloße Rezipienten gegenüberstehen, ja, die nicht als Werke in einem fremden Medium bestaunt werden müssen, sondern immer schon mit der eigenen Bildpraxis interferieren.

Im Fall der digitalen Bilder Hockneys bedeutet das, dass es zum einen Menschen gibt, die, angeregt von der Technik, Faktur und Motivik, damit beginnen, selbst ähnliche Bilder auf einem *iPhone* oder *iPad* anzufertigen.[88] Es wurden sogar bereits eigene Apps und Kursangebote entwickelt, mit denen sich Bilder im Hockney-Stil machen lassen. Zum anderen aber teilen manche das Gefühl von Überraschung, Teilhabe und Evidenz, das bei Zusendung oder Entdecken eines Hockney-Bildes aufkommt, anderen einfach dadurch mit, dass sie ihnen dasselbe Bild weiterleiten oder es auf einem Blog veröffentlichen.

Diese Reaktion ist sogar die interessantere, denn an ihr wird deutlich, dass Inspiriert-Sein keineswegs dazu führen muss, plötzlich selbst den Anspruch auf eigene Werke zu entwickeln. Vielmehr ist die Mitteilung des eigenen Inspiriert-Seins wichtiger als alles, was sich daraus kreativ machen ließe. Hatte ein intensiver Moment auch früher schon häufig zu einem Gefühlsausbruch geführt, in dem die erfahrene Inspiration noch nicht neu gestaltet, sondern erst einmal nur spontan-beglückt geäußert wird, so begünstigen die Features von Smartphones oder Plattformen der Sozialen Medien solche Gesten sofortiger Kundgabe. Daher finden sich nicht zuletzt Hockneys digitale Bilder auf vielen Websites und Blogs der Sozialen Medien wieder, landen durch Rebloggen in unterschiedlichen Zusammenhängen, werden dort von anderen entdeckt, die sich ihrerseits stimuliert fühlen und anstecken lassen, indem sie schnell den Reblog-Button klicken und das Bild auf ihrem eigenen Blog reproduzieren. [Abb. 3] [Abb. 4] Dasselbe passiert mit Bildern (oder allgemeiner: Artefakten) aller Art, die ihrerseits das Gefühl auslösen, es sei mehr und noch ganz anderes als gewohnt möglich. Auf mittlerweile Millionen von Accounts und Blogs der Sozialen Medien werden fortwährend Bilder (und anderes) weitergepostet und rebloggt. Für viele ist es in den letzten Jahren zu einer selbstverständlichen Beschäftigung geworden, alltäglich Blogs zu durchforsten, immer auf der Suche nach Bildern, kurzen Videos, Zitaten und Wortspielen, von denen sie sich anregen und in eine Stimmung der Kreativität versetzen lassen.

Kunst und Künstler bekommen dadurch eine starke Konkurrenz, drohen gar, nachdem ihre Verwandlung von Werkschöpfern zu Musen schon die erste Herabstufung darstellte, erst recht vom Thron gestürzt und innerhalb eines Paragone zwischen verschiedenen Formen, Instanzen und Orten der Inspirationsstiftung marginalisiert zu werden. Und während Kunstwerken oft Unerschöpflichkeit attestiert wurde, weil sie sich – angeblich oder tatsächlich – immer wieder neu interpretieren ließen, was bestenfalls dem Urheber – dem Künstler selbst – zu Unsterblichkeit verhalf, weckt ein Blog allein schon dank der Infinite-Scroll-Funktion ein Gefühl von Unerschöpflichkeit, das nun aber vor allem den Rezipienten und Rebloggern zugutekommt. Ihnen werden immer neue Optionen verheißen und Erfahrungen von Freiheit und Potenz suggeriert. Im Zentrum steht ihr Gefühl von Kreativ-Sein, nicht mehr das Überlegenheitsgefühl des Künstlers und Schöpfers.

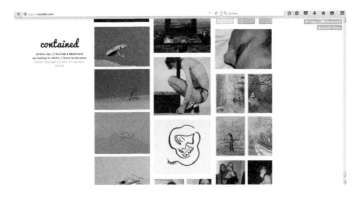

Abb. 3: Screenshot von ducial.tumblr.com u. a. mit Hockney-Reblog, 2015

Abb. 4: Screenshot von bucktooth.tumblr.com u. a. mit Hockney-Reblog, 2015

Rebloggen als Kulturtechnik des Kreativitätsdispositivs

Die Reblogs, die sich auf einem Blog sammeln, sind Spuren von Inspirationserlebnissen. Tatsächlich gibt es zahlreiche Blog-Akteure, die niemals eigene Bilder oder Dokumente hochladen, sondern sich ausschließlich und oft zeitintensiv dem Rebloggen hingeben, dabei aber mit dem, was sie aneinanderreihen, durchaus wieder inspirierend auf andere wirken können. Man steckt sich wechselseitig an, entsprechend oft und schnell zirkulieren als anregend empfundene Bilder. Sie versetzen eine offene Community in einen Flow-Zustand, das Rebloggen wird zu einer – für viele zur mit Abstand besten – Kreativitätstechnik.

Vivian Fu, Künstlerin und Bloggerin aus Kalifornien, beschreibt, wie die vielen Blogs mit (rebloggten) Bildern, die sie umgeben, inspirierend auf sie wirken und sie dazu animieren, selbst mehr und härter zu arbeiten (»it pushes me to work harder«), um »aus meinem Gehäuse auszubrechen« (»break out of my shell«) und etwas Neues zu machen. Interessanterweise sieht sie ihre eigenen Bilder

dann auch nicht mehr als ihr »eigenes Werk« an (»I don't view it as being ›my work‹«). Vielmehr fühlt sie sich als Teil einer kollektiven kreativen Atmosphäre, in der es darum geht, Spaß zu haben, sich frei zu fühlen und vieles einfach geschehen zu lassen (»to have fun and not have to think about it«).[89]
Fragt man Leute, die die Praxis des Rebloggens intensiv betreiben, ja, die auf ihren Blogs nichts anderes tun, taucht in den Antworten ebenfalls keine andere Vokabel so häufig auf wie ›inspirierend‹.[90] Es gehe darum, auf dem Blog Bilder zu versammeln, von denen man besonders angeregt werde,[91] der eigene Blog sei als »eine Art Wunderkammer«, die »sehr viel inspirativen Input« biete,[92] oder sei als eine Pinwand zu sehen, auf der man teile, was einen inspiriere.[93] Manche sagen von sich, Bilderblogs nur anzuschauen, wenn sie Langeweile hätten und eine Anregung bräuchten.[94] Gelegentlich fallen die Antworten auch markanter aus. Dann ist davon die Rede, das Rebloggen sei eine »freundliche Droge« (»a gentle drug«), die »entspannend« (»soothing«) wirke und »Druck« (»pression«) nehme wie sonst »Schwimmen und Sex« (»swimming and sex«).[95]
Reblogger erleben ihr Tun also als intensive und beglückende Erfahrung, es ist für sie nicht bloß ein passives Genießen, sondern ein Sich-Ausdrücken, vor allem aber begleitet von der Vorstellung, jederzeit wirklich aktiv, aus eigener Kreativität heraus gestaltend tätig werden zu können. Im Rebloggen finden sie, was sie sonst von der Kunst erwarten oder erwartet haben: Momente der

Begeisterung sowie Gefühle der Erleichterung und Entspannung. Bei vielen handelt es sich auch um Personen, die als Künstler gearbeitet oder eine Ausbildung an einer Kunsthochschule gemacht haben, nun aber jenseits von Werkstolz und Kunstbetrieb nach Wegen suchen, die eigene Sehnsucht nach Inspiration zu befriedigen.

Schon jetzt geht es in den Sozialen Medien vor allem darum, wie oft, wie schnell und in wie vielen unterschiedlichen Kontexten Bilder rebloggt werden. Wer sich auf die dort herrschende Logik einlässt, ist stolz auf Follower, so wie man bisher stolz auf eine Rezension war, freut sich über einen Reblog-Rekord, so wie man sich sonst über die Einladung zu einer wichtigen Ausstellung gefreut hat. Und da sogar selbst traditionell werkstolze Künstler wie David Hockney sich im Zuge der Kreativitätsimperative darauf einzustellen beginnen, heute (wenn überhaupt noch, dann) mehr als Musen denn als Schöpfer von Meisterwerken gefragt zu sein, entwickelt sich erst recht in den Sozialen Medien eine neue Spezies von Akteuren, die ihre Produkte von vornherein darauf abstimmen, inspirierend zu wirken und entsprechend häufig rebloggt zu werden.

Erfolgreiche Bildproduzenten und Blogger sehen sich ausdrücklich als Inspirationsquellen, so etwa Tony Futura, der auf *Instagram* Fotocollagen mit Motiven der Popkultur veröffentlicht und seine Intention bündig in dem Satz »Ich will andere inspirieren« zusammenfasst.[96] Die Modebloggerin Nike Jane spricht zwar von ›Inspiration‹ als einem »schrecklich durchgenudelten Begriff«, bekennt aber gleichzeitig, sie freue sich, wenn eine Kleidungs- oder Einrichtungsidee, die sie gepostet habe, dazu führe, dass sie »17 Mails vollgestopft mit feschen Fotos von wunderbar geglückten Nachbau-Aktionen« bekomme.[97] Viele feiern es, wenn einer ihrer Beiträge eine bestimmte Anzahl an Kommentaren überschritten hat oder wenn das, was sie gepostet haben, anderswo in Varianten auftaucht. Und selbstverständlich wirkt Art und Umfang der Resonanz auf das rück, was sie im Weiteren produzieren und online stellen.

So jung eine Kulturtechnik wie das Rebloggen noch ist, so deutlich lassen sich bereits Muster erkennen, denen Bilder folgen, die Reblog-Karrieren machen, also so angelegt sind, dass sie bei Betrachtern den Impuls auslösen, mit anderen geteilt oder auf dem eigenen Blog reproduziert zu werden. Annekathrin Kohout, selbst Bloggerin und Fotografin, hat die wegen ihrer inspirierenden Qualitäten oft kopierten Bilder genauer als »Kick-off-Bilder« beschrieben. Aus ihrer Sicht sind Bilder erfolgreich, wenn sie »von festen Bedeutungen frei sind, um individuell angeeignet werden zu können«. Zugleich aber sollte die Bedeutungsfreiheit nicht als Mangel erscheinen, sondern den Rezipienten dazu anspornen, das Bild eigens mit einer Bedeutung zu versehen. Das Bild sollte also, so Kohout, von »motivischer Einfachheit« und damit »emblematisch« sein.

Am Beispiel eines oft rebloggten (und variierten) Fotos des ukrainischen Fotografen-Trios Gorsad Kiev veranschaulicht sie ihre Überlegungen. [Abb. 5] So seien zwei an der Spitze mit einem Piercing versehene Zitronen genauso »denkbar als Zeichen für Punk, BDSM, Veganismus oder einfach nur kleine Brüste«.[98] Das Foto suggeriert Symbolhaftigkeit und damit kann es inspirieren, weil jeder Rezipient den sich öffnenden semantischen Raum individuell zu füllen vermag und nicht den Eindruck haben muss, die Fotografen wollten mit ihrem Foto eine bestimmte Intention zum Ausdruck bringen, ja, ein abgeschlossenes Werk schaffen, auf das man nur interpretierend reagieren könne. Das erinnert an die Logik des Non-finito, das dem Rezipienten ebenfalls Raum für eigene Ideen lässt, ihn aber durch die Suggestion, etwas sei erst noch im Werden, zugleich zum aktiven Mitmachen und Weiterführen animiert.

Der emblematische Charakter der Bilder wird durch überraschende und rätselhafte Kombinationen von Sujets noch gesteigert. Dann wird man dazu verführt, Tiefsinniges oder Existenzielles zu assoziieren, kann sich also als derjenige, der die Bedeutung verleiht, auch umso mehr als kreativ empfinden: als jemand, der selbst die größten Themen zu reflektieren versteht. Damit unterscheiden sich Kick-off-Bilder von Stock-Fotos, die zwar auch jeweils für unterschiedliche Kontexte verwendet werden können, das aber eher einer Eigenschaftslosigkeit – einer Unverbindlichkeit und semantischen Blässe – zu verdanken haben als einer Aura starker Bedeutsamkeit.[99]

Da ungewohnte Kombinationen zudem verfremdend wirken, suggerieren sie, die Realität sei gar nicht so fixiert, könne auch ganz anders sein oder zumindest an-

Abb. 5: Gorsad Kiev: gorsadkiev.tumblr.com/post/114131517730, 2015

ders wahrgenommen werden. Das erzeugt ein Gefühl von Freiheit, gar von Magie. Ist nicht alles möglich? Und ist einem nicht auch selbst alles möglich? So wird, wer Kick-off-Bilder betrachtet, in einen Zustand versetzt, der mehr Optionen als sonst verspricht und in dem der Besitz schöpferischer Kraft selbstverständlich erscheint.

Die inspirierende Qualität eines Kick-off-Bildes nimmt noch weiter zu, wenn es nicht nur emblematisch, sondern zugleich simpel angelegt ist. Dann weckt es den Eindruck, man hätte die Bildidee jederzeit auch selbst haben können. Je alltäglicher die Bildmotive sind, desto leichter erscheint die Kreativität.

Beliebte Sujets von Kick-off-Bildern sind also Dinge, die sich in jedem Haushalt finden und jederzeit zur Verwendung anbieten: Obst, Teppiche, Aluminiumfolie. Im Idealfall kommt es zu einer ungewöhnlichen – mal nur absurd-überraschenden, mal provokant-frechen – Einbettung der Motive in Situationen: Eine Frau liegt unter einem Teppich, ein Mann wickelt sich mit Aluminiumfolie ein, das weibliche Geschlechtsorgan wird durch aufgeschnittenes Obst ersetzt. [Abb. 6] Dass die Bildgegenstände überall verfügbar sind, erleichtert es anderen, sich Varianten einer Bildidee einfallen zu lassen. Das grotesk Unwahrscheinliche eines Settings wirkt zudem enthemmend, traut man sich dann doch ebenfalls, jede noch so abstruse Konstellation einfach mal auszuprobieren.

Kick-off-Bilder sind somit die idealen Artefakte für eine kreativitätsselige Kultur. Viele brauchen sich dabei gar nicht im Variieren zu beweisen, ihnen genügt die im Akt des Rebloggens erlebte Atmosphäre von Kreativität, um alle Sorgen, selbst nicht schöpferisch genug zu sein, zu vertreiben. Diese Atmosphäre muss also nicht in der Erschaffung eigener Werke münden. Sie zu bewahren, neu anzufachen und anderen weiterzugeben, ist sogar beflügelnder, droht dann doch kein Scheitern, kein Abbruch des Flows. Vielmehr braucht man den Modus der Reflexion so wenig zu verlassen, wie wenn man Möbelprospekte bloß anschaut, die Kreativverheißungen des Wohnens aber nicht direkt in eigenes Tätigsein umzusetzen versucht.

Der Vergleich des Rebloggens mit einer »freundli-

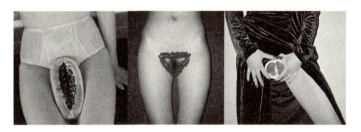

Abb. 6: Screenshot von sofrischsogut.wordpress.com, 2015

chen Droge« ist daher passend, das Gefühl eigener, jederzeit disponibler Kreativität wichtiger als deren Beweis in Form großartiger – mit Mühe erarbeiteter – Erzeugnisse. Und das Klicken auf den Reblog-Button stellt das perfekte Quantum an Aktivität dar: Ohne größere Anstrengung bewirkt man doch schon etwas, ähnlich wie im Fall von Computerspielen, bei denen die Inhalte ebenfalls vorgegeben sind, durch den einzelnen Spieler aber Features ausgewählt und variiert werden. Derartige semiaktive Formate werten den herkömmlichen Rezipienten zum Mitgestalter auf, ohne seine Bedürfnisse nach Unterhaltung und Überraschung zu vernachlässigen. Wer sich daran erst einmal gewöhnt hat, empfindet plötzlich vielleicht sogar einen Kino- oder Ausstellungsbesuch als langweilig und etwas stumpfsinnig, muss man dort doch zwangsläufig eine passivere Rolle einnehmen.

Für eine Gesellschaft unter dem Einfluss des Kreativitätsdispositivs kann es kaum etwas Passenderes geben als möglichst viele Spielarten von Semiaktivität. So erlauben sie es am besten, die begehrte Erfahrung des Kreativ-Seins intensiv zu machen, sich in einem großen, geschützten Raum voller Optionen zu fühlen und dabei keinem Risiko von Durststrecken und Geduldsproben ausgesetzt zu sein. Noch besser als jemand, der seine Ideale in eine Vergangenheit verschiebt und nur über einzelne Dinge Kontakt zu ihnen hält, kann der semiaktive Spieler und Reblogger in einem Zustand der Unschuld verweilen und die Gefahr von Ernüchterung weitgehend meiden. Denn während der Gebrauch jener Dinge schnell überfordert und mit den Grenzen der eigenen Kreativität konfrontiert, bereiten die Programme der Spiele und Plattformen den Akteuren ziemlich zuverlässig das Gefühl, sie würden das Vorgegebene erfolgreich weiter ausgestalten und individuell in eine neue Form bringen.

Dennoch gibt es bessere und schlechtere Spieler, konfuse und virtuose Reblogger. Nur Letzteren gelingt es, das eigene Inspiriertsein dazu zu verwenden, Bilder so zu rebloggen, dass sich daraus Konstellationen ergeben, die ihrerseits stimulierend auf andere wirken. Wie ein ungewöhnliches Bildmotiv schon viel freisetzen kann, so nämlich erst recht ein überraschendes Zusammenspiel mehrerer Bilder. Entstammen sie unterschiedlichen Genres oder Zeiten oder bringen sie auch nur verschiedene Stile des Fotografierens in einen Zusammenhang, ohne dabei bloß beliebig zu erscheinen, erzeugt das einmal mehr ein Gefühl von Freiheit. Der Besucher eines derart abwechslungsreich komponierten Blogs wird gar in einen Zustand des Schwebens versetzt, ist ein wenig aus Raum und Zeit herausgelöst. Ungewöhnliche Konstellationen ergeben sich auf Plattformen wie *Tumblr* häufig schon allein dadurch, dass den Reblog-Button umso schneller klickt, wer auf ein besonders überraschendes, bizarres, unkonventionelles oder auf andere Weise extremes Bild stößt. So entsteht in der Abfolge des Rebloggens ein Konzentrat aus Unwahrscheinlichem, das starke Emotionen zu erzeugen vermag, vor allem aber den Eindruck verstärkt, es sei so viel mehr möglich, als es einer festgefahrenen Fantasie erscheinen mag. Zugleich sorgt der Mechanismus des Rebloggens dafür, dass spektakuläre Bilder sich zwar schnell verbreiten, daher aber auch ebenso schnell ihren überraschenden Charakter einbüßen und nicht länger rebloggt werden. So kommt es insgesamt zu einer hohen Umlaufgeschwindigkeit von Bildern, was wiederum das Gefühl von Unerschöpflichkeit steigert.

Jedes Mal, wenn der Reblog-Button geklickt wird, ereignet sich also ein Musenkuss. Der eine freut sich, als inspirierend empfunden zu werden, der andere, inspiriert worden zu sein. Dabei wird das Zusammenspiel als eines von Gabe und Gegengabe erfahren: Der Reblogger begreift die Inspiration, die ein Bild (oder etwas anderes) ihm bereitet, als ein Geschenk – als etwas, das sich nicht konfektionieren und beanspruchen, also auch nicht kommodifizieren lässt. Der Rebloggte umgekehrt empfindet das Glück, das er bereiten kann, seinerseits als ein Geschenk, die Aufmerksamkeit und Anerkennung, die ihm mit dem Rebloggen zuteil wird, als etwas, das wünschenswert, aber nicht einzufordern oder gar zu erzwingen ist.

Die Erfahrung von Kreativität, die sich in den Sozialen Medien entwickelt, besteht somit in einem wechselseitigen Gunstverhältnis. Es lässt sich weder auf kommerzielle Bedingungen noch auf rechtliche Normen reduzieren. Damit aber wird das Rebloggen auch als etwas empfunden, das sich jenseits der Geltung von Urheber- und Verwertungsrechten abspielt. Vielmehr gelangt die moderne Zweiteilung und Hierarchie zwischen Produzenten und Rezipienten dadurch – wie auch durch die Spielarten von Semiaktivität – an ihr Ende.

Tatsächlich werden Urheberrechte nirgendwo sonst häufiger als Hindernis wahrgenommen oder grundsätzlich in Zweifel gezogen – und entsprechend missachtet – als auf dem Feld der Sozialen Medien. Gerade sofern Bilder oder andere Artefakte inspirierend wirken und beim Rezipienten das Gefühl erzeugen, selbst über die kreativen Kräfte zu verfügen, um dasselbe oder Ähnliches schaffen zu können, bleibt kaum Raum für die Vorstellung, man würde fremdes Eigentum unerlaubt in Anspruch nehmen. Durch die Gunst der Inspiration verschmilzt das, was man rezipiert, mit dem, was man selbst damit assoziiert. So wenig ein Kuss nur einem der Küssenden gehört, so wenig ein inspirierendes Bild nur dem, der es gemacht hat.

Öffnen, um zu inspirieren

Der Idee des Werkes als einer originellen und autonomen Schöpfung, die einen Eigentümer besitzt und von rangmäßig unterlegenen Rezipienten interpretiert wird, gerät im Zuge des Kreativitätsdispositivs also von zwei Seiten in eine Krise. Den Rezipienten, die es in herkömmlicher Form oft gar nicht mehr gibt, fehlt es an Bereitschaft zur Unterordnung, den Produzenten an dem Glauben oder auch Interesse daran, sich stark mit ihren Hervorbringungen zu identifizieren. Beide sehen sich lieber in einem offenen Austausch, einem wechselseitigen Inspirieren und Inspirieren-Lassen, das, wie im Fall von Blogs, zu einer Stimmung des ›Alles-ist-Möglich‹ führt. Statt fertiger Werke wird somit alles begünstigt, was selbst im Prozess begriffen ist und einen Raum eröffnet, in dem vieles assoziierbar ist.

Handelt es sich um den Bereich der Kunst, sind etwa alle Arten von ›Making-of‹-Dokumenten beliebt – nicht nur beim Publikum, sondern zunehmend auch bei den Künstlern selbst. Filmaufnahmen eines Regisseurs am Set oder eines Malers beim Arbeiten in seinem Atelier, die Präsentation von Entwürfen und Skizzen in einer Ausstellung oder Interviews, in denen über Hintergründe und Begleitumstände einer künstlerischen Arbeit gesprochen wird, sorgen für eine kreative Atmosphäre. Bei Rezipienten wecken sie die Lust, selbst Ähnliches zu tun. Ihre Empathie reicht gar so weit, dass sie (wie es schon bei Tolstoi heißt) den Eindruck haben, die jeweilige Schöpfung ereigne sich ebenso in ihnen wie im Künstler.

Für Vertreter der Avantgarde – Mondrian, Beckmann oder Rothko – wäre es noch undenkbar gewesen, die Genese einzelner Werke in Büchern oder Filmen offenzulegen und Interessierte an ihrer Arbeitsweise teilhaben zu lassen. Das hätte den hehren Anspruch untergraben, als Künstler das gänzlich Andere gegenüber dem Vertrauten und Alltäglichen zu machen und damit Ausnahmezustände zu bereiten. Die Essenz wohl jedes ›Making-of‹-Reports ist es nämlich gerade, dass überall mit Wasser gekocht wird. Auch das macht diese Backstage-Berichte heute so beliebt, denn wo Schwellen gesenkt werden, wird es leichter, sich mit Künstlern zu identifizieren und sie als Inspirationsquellen zu erfahren. Früher boten höchstens Biografien ähnliche Effekte, und manchem, der sich in den großen Schöpfern wiederfinden wollte, boten sie den Zugang, den spröde-anspruchsvolle Werke so schwer machten.

Mittlerweile werden Werke weniger über Verknüpfungen mit dem Leben nahegebracht als mit anderen Methoden vom Sockel des Übermenschlichen geholt. Wo keine ›Making-of‹-Geschichten mehr erzählt werden können, bereitet man sie in Bildbänden, Fernsehdokumentationen und Filmen abwechslungsreich auf, zeigt sonst übersehene Ausschnitte und Details, vergrößert Teile so sehr, dass die Faktur deutlich sichtbar wird, nimmt Vergleiche vor oder stellt gar Atelierszenen nach. Das alles verlebendigt abgeschlossene Werke und gibt ihnen den Anschein, variabel und aktuell zu sein, fortwährend dazu geeignet, andere anzuregen, offen dafür, mit ganz Verschiedenem in Verbindung gebracht zu werden und dabei Unerwartetes zu bieten. So lässt sich selbst aus hermetischen Werken ein Alles-ist-möglich-Gefühl schöpfen.

Der Anschein, etwas sei noch gar nicht fertig, sondern erst im Entstehen oder in dauernder Veränderung begriffen, wird selbst in Ausstellungen erzeugt. Vor allem bei Installationen suggerieren Künstler gerne, es sei noch gar nicht alles ausgepackt und aufgebaut. Sie agieren mit Effekten des Provisorischen, Gebastelten, Spontanen, vermitteln also den Eindruck, der Betrachter befinde sich eher in einem Atelier als im musealen Raum.

Ein Blick in die Geschichte der Kunst bietet Indizien dafür, dass Spielarten von Non-finito immer dann beliebt waren, wenn die Rolle des Künstlers strittig war und insbesondere der Stellenwert des Schöpferischen eigens zur Diskussion stand. Mal ließ sich ein Non-finito als Zeichen der Bescheidenheit des Künstlers interpretieren, der damit andeuten wollte, als irdisches Wesen mit irdischem Material nichts Vollendetes schaffen zu können –

oder der damit, weitergehend, auf Gott verwies, welcher allein über wirkliche schöpferische Kraft verfügt. In anderen Fällen sollte ein Non-finito signalisieren, dass die Ideen des Künstlers zu groß sind, um überhaupt angemessen ausgedrückt zu werden.[100] Heute hingegen dient das Non-finito vor allem als Projektionsfläche für die Rezipienten. Es geht um ihre Selbsterfahrung als Kreative, während sich die Rolle des Schöpferischen beim Künstler auf seine Funktion als Muse reduziert.

Handelt es sich um Literatur, steht es sogar in der Macht des Rezipienten, einem Werk einen unabgeschlossenen Charakter, gleichsam einen künstlichen Anstrich von Non-finito zu verleihen. Statistische Erhebungen brächten sicher zutage, dass heute viel häufiger als früher Bücher nicht zu Ende gelesen werden, ohne dass das jedoch Ausdruck eines Missfallens oder mangelnder Wertschätzung ist. Vielmehr genießen es die Leser, etwas offenzulassen. Sie mögen das Gefühl, die Lektüre und damit die Inspiration durch den Autor sei jederzeit fortsetzbar, und bewahren gerne die Suggestion, das Beste könnte noch kommen, Ungeahntes sich noch entfalten. Mit dem Zu-Ende-Lesen, so die kaum eingestandene Sorge, gelangt auch das Inspiriert-werden-Können zum Abschluss. Man fällt dann in die Rolle eines bloßen Rezipienten zurück, der analysiert oder bewundert, Erkenntnisse haben oder sich in eine andere Welt versetzen will, aber kaum den Anspruch hat, selbst kreativ zu sein. Vielleicht wird es daher bald schon als biedere Marotte erscheinen, wenn jemand jedes Buch, das er anfängt, auch wirklich komplett liest. Wäre das nicht so wie jemand, der vierzig Jahre lang dasselbe Paar Schuhe trägt?

Nicht wenige Autoren lassen sich von den Vorlieben ihres Publikums beeinflussen und bevorzugen ihrerseits von vornherein offenere Werkformen: von tagebuchartig notierten Beobachtungen bis hin zu Essays. Auch zahlreiche Wissenschaftler und Philosophen sympathisieren mit experimentelleren Formaten. Ihnen geht es dann nicht um Wahrheiten und ein Überzeugen-Wollen, sondern darum, ein möglichst vielschichtiges semantisches Ereignis oder zugespitzt-verblüffende Thesen zu produzieren, um die Leser zum Weiterdenken und selbstständigen Assoziieren anzuspornen. Mochte das freie Arrangieren von Texten, Fragmenten, Beobachtungen oder Bildern auch früher schon immer wieder praktiziert worden sein, so stand es doch lange unter dem Verdacht, jemand wolle sich nur um die harte Arbeit des Definierens und Beweisens herummogeln. Mittlerweile jedoch gehen von offeneren Strukturen vor allem Verheißungen aus. Dem Essay trauen viele Größeres zu als einer Monografie, einer eng geführten Beweiskette, einer in einem Fachdiskurs beheimateten Argumentation.

War der selbstbewusst-gottgleiche Künstler, Schriftsteller oder Philosoph der Moderne jemand, der sich gerne in Manifesten äußerte und die Autorität des Überlegenen dazu nutzte, sein Publikum mit Radikalem, oft auch schwer Verständlichem, in jedem Fall aber mit unverhandelbaren Äußerungen herauszufordern, die Totalität beanspruchten, so geht es beim zur Muse gewordenen Künstler und Autor darum, Konstellationen zu schaffen, die zwar auch Evidenzen bereiten oder Erkenntnisse liefern sollen, dabei aber dem Rezipienten den Eindruck vermitteln, das Entscheidende passiere erst im aktiven Nachvollzug, also in ihm selbst. So wird er zum Mitschöpfer geadelt, ist live dabei und notwendiger Partner, wenn Sinn gestiftet wird.

Dass es in den Sozialen Medien gängige Erfahrung ist, jeden Beitrag – ein Bild, einen kurzen Text, einen Clip – in oft zufälliger Nachbarschaft zu anderen Beiträgen wahrzunehmen, die auf einer Timeline oder in einem Blog auftauchen, und dass man dasselbe manchmal in verschiedenen Zusammenhängen wiederfindet, begünstigt eine Sensibilität für Kontexte und die Möglichkeiten, die im Wechsel von Anordnungen, also in offenen Strukturen liegen. So selten es vorkommt, online einen längeren, in sich abgeschlossenen Text zu lesen oder ein Bild für sich alleine zu betrachten, so stark entwickeln sich dafür Kriterien zur Beurteilung von Konstellationen. Vor allem geht es dabei darum, wie stark und eigenständig die jeweils entstehende Stimmung ist und wie sehr man sich davon inspiriert fühlt.

Durch die Praxis der Sozialen Medien wird für viele Menschen also zur alltäglichen Erfahrung, was bisher nur Minderheiten begegnete, die mit DJs oder Kuratoren zu tun hatten. Bei ihnen handelt es sich um Berufe, in denen beispielhaft Formen des Assoziierens ausprobiert und professionalisiert werden, jeweils mit dem Ziel, anregend zu wirken und die Rezipienten zu eigenen Assoziationen zu stimulieren, sie in eine Stimmung von Leichtigkeit und Helle, in einen Flow zu versetzen. Denselben Ansprüchen hat mittlerweile jeder Blog zu genügen, wo die Standards dessen, was durch Weisen des Kombinierens erreicht werden kann, gefestigt und nach und nach vermutlich noch gesteigert werden. Dass das Assoziieren und Konstellieren – generell: der Umgang mit offenen, variablen Formen, das ›freie Spiel‹ mit vielfältig verknüpfbaren Elementen – in herkömmlichen Sparten wie der Literatur, der Philosophie und der bildenden Kunst sowie auf den Plattformen der Sozialen Medien zur gängigen Kulturtechnik geworden ist, erklärt auch, warum gerade Kuratoren zu Leitfiguren aufgestiegen sind. Statt mit etwas Monumentalem und Abgeschlossenem einzuschüchtern oder Bewunderung einzufordern, sind sie Meister des Potenzialis. Ihre Tätigkeit ist von der Erwartung geleitet, in jedem Moment könne dank einer ungewohnten, neuartigen Konstellation eine ungeahnte Einsicht, ein gedanklicher Durchbruch oder eine Erkenntnis erfolgen, die eine Kettenreaktion auslöst. Insofern werden Kuratoren wie Chemiker betrachtet: Sie bringen Verschiedenes zum Zweck einer Evidenzexplosion zusammen. Dass mittlerweile zudem nahezu alles – von ›Points of Sale‹ bis zu Speisefolgen – kuratiert wird, verrät den großen, unersättlichen Wunsch nach Inspiration, der viel mehr Menschen als ein traditionelles Kunstpublikum erfasst hat und Ausdruck des demokratisierten und ökonomisierten Strebens nach Kreativität ist.

Infolge ihres Bedeutungszuwachses, aber auch aufgrund der wilden Kombinationsversuche auf unzähligen Blogs, wo Bilder unterschiedlichster Gattung und Provenienz in Zusammenhänge gebracht werden, sind Kuratoren in den letzten Jahren beim Ausstellen und Arrangieren nochmals experimenteller geworden. So beziehen sie mittlerweile mit Vorliebe Kunstwerke weit auseinanderliegender Jahrhunderte direkt aufeinander oder kombinieren Künstler unterschiedlichen Temperaments in einer Ausstellung.[101] Die gebotenen Konstellationen sollen »mit der Einbildungskraft der Betrachter fruchtbare Beziehungen eingehen«, wie es etwa im Pressetext zur Ausstellung »Two by Two. Mary Heilmann & David Reed« heißt, mit der im *Hamburger Bahnhof* im Jahr 2015 zwei in ihren bildnerischen Mitteln kaum vergleichbare Maler miteinander verbunden wurden.[102] Hier wie in vielen anderen Fällen geht es darum, den Besuchern über einen Moment der Überraschung ein Gefühl eigener Aktivität zu bereiten.

Bei solchen Versuchsanordnungen nimmt man auch in Kauf, sich zu verspekulieren, sodass statt einer Evidenz letztlich nur Prätention zu erleben ist. Doch selbst wenn das Arrangement glückt und Besucher sich beflügelt fühlen, bleibt die Inspiration oft folgenlos. Nicht anders als im Fall von Konsumprodukten oder Blogs genügt es den meisten, sich ihrer kreativen Kräfte zu vergewissern und sie als gestärkt zu empfinden.

Genauso verpufft die durch essayistisch-offene Texte entstehende Atmosphäre geistiger Wachheit meist in dem Augenblick, in dem die Lektüre beendet wird. Allerdings stört das nicht, solange die Erfahrung, selbst die Möglichkeit zu aufregenden Thesen zu haben, nur eindringlich genug war. Von ihr lässt sich noch länger zehren.

Sofern es aber mehr um Atmosphären und Stimmungen, um das Erlebnis der Evidenzschöpfung oder die Erfahrung starker Momente als um Debatten über den besseren Standpunkt geht, werden selbst Erkenntnisse, Thesen, Pointen primär unter ästhetischen Kategorien wahrgenommen. Es zählt, wie überraschend, auratisch oder verheißungsvoll sich etwas wahrnehmen lässt, wichtig erscheinen Eleganz und Intensität, während Inhalte und Konsequenzen einer These sekundär sind.

Wie sehr sich Theorie von einem Hort der Ideologien zu einem Ort kreativer Selbsterfahrung verändert hat und wie sehr sie von einer Sache mit Anspruch auf Wahrheit zu einer Quelle vielfältiger Evidenzschöpfung geworden ist, verdeutlicht eine Beobachtung des Ideenhistorikers Philipp Felsch. Er weist darauf hin, dass man Theorieliteratur mittlerweile vor allem »in Museumsshops und Kunstbuchhandlungen« antrifft.[103] Sie ist also dort am präsentesten, wo die Erfahrung von Kreativität geradezu zur institutionellen Aufgabe geworden ist. Sie steht auf einer Stufe mit Kunstwerken und anderen Artefakten, die einer weitverbreiteten Inspirationsbedürftigkeit entgegenwirken sollen.

Museen als Kreativitätsagenturen

Museen und Ausstellungshäuser erleben im Zuge des Kreativitätsdispositivs insgesamt – nicht nur wegen der in ihnen geleisteten kuratorischen Arbeit – den markantesten Funktionswandel ihrer mehr als zweihundertjährigen Geschichte, dürfen zugleich aber eine Aufwertung für sich verbuchen. Der Wandel besteht darin, dass die Besucher nicht mehr kommen, weil sie die Schöpfungen – Meisterwerke – anderer demütig bewundern, sondern weil sie sich selbst als kreativ erleben wollen. Die Aufwertung ergibt sich daraus, dass Museen und Ausstellungshäuser damit nicht länger dem Verdacht ausgesetzt sind, lediglich Luxuseinrichtungen für eine kleine bildungsbürgerliche Klientel zu sein. Vielmehr übernehmen sie eine geradezu existenzielle Funktion. Sie stellen sich der Aufgabe, auf die demokratisierten und ökonomisierten Kreativitätsansprüche zu reagieren. Insofern werden sie mehr und mehr zu Kreativitätsagenturen und könnten, sollte sich diese Entwicklung fortsetzen, bald nur noch am Rande über ihre herkömmlichen Funktionen zu definieren sein, die im Sammeln, Bewahren und Erforschen bestanden.

Das gewandelte Selbstverständnis der Museen versteckt sich hinter dem Begriff der Kunstvermittlung. Sie mag zwar auch dazu da sein, Wissen zu vermitteln und Verständnis für Werke und Künstler zu schaffen, vor allem aber steht sie im Dienst des Publikums, das ausgehend von eigens aufbereiteten Werken Inspiration erfahren und sich selbst erleben, ausprobieren, kreativ engagieren soll. Kunstvermittlung ist daher institutionalisierter, konfektionierter Musendienst. Er richtet sich vor allem an diejenigen, die von sich aus wenig Übung darin haben, in eine kreative Stimmung zu gelangen, denen es also nicht genügt, nur in der Nähe von Kunst zu sein. Kunstvermittler selbst beschreiben ihre Tätigkeit gerne als »Hebammenarbeit«, welche die Besucher dazu motivieren soll, »selbst gestalterisch tätig zu werden und Kunst zu erschaffen«.[104] Mit dieser Metapher ist zugleich das Bild vom Menschen als an sich kreativem, aber oft entfremdetem Wesen bekräftigt, was Pädagogen und Vermittlern eine umso wichtigere Aufgabe zuspricht: Sie müssen einen guten Naturzustand wiederherstellen, in dem jeder Mensch über schöpferische Kräfte verfügt.

Bereits in den ersten Texten, die der Kunstvermittlung gewidmet sind, ja, noch in der Inkubationszeit des Kreativitätsdispositivs taucht dieses Motiv auf. Als der US-amerikanische Unternehmer Albert Barnes eine in den ersten Jahrzehnten des 20. Jahrhunderts eigens für seine Mitarbeiter zusammengestellte große Kunstsammlung in wöchentlichen Kursen nutzbar machte, operierte er schon mit Konstellationen, bei denen höchst Unterschiedliches in Nachbarschaft geriet, um das Assoziationsvermögen anzuregen. Die »unorthodoxe Gruppierung von offensichtlich sehr unterschiedlichen Gemälden sowie anderen Kunstwerken« wecke »Neugier«, so Violette de Mazia, langjährige Mitarbeiterin von Barnes und verantwortlich für das Kursprogramm.[105] Der Kursteilnehmer suche nach Ähnlichkeiten zwischen unterschiedlichen Artefakten, bis er einen »gemeinsamen Nenner menschlicher Werte und deren Ursprung in der menschlichen Natur« entdecke.[106] Auf diese Weise finde er, so de Mazia weiter, »den Schlüssel zur besonderen Harmonie dieser ungewöhnlichen, aber absichtsvollen Arrangements und erhält vermutlich einen Anreiz zu eigener kreativer Tätigkeit«.[107] Auch hier gingen Demokratisierung und Ökonomisierung übrigens schon Hand in Hand, denn Barnes wollte seine Mitarbeiter sowohl zu freieren und sozialeren Individuen als auch zu produktiveren Arbeitskräften erziehen.

Erst recht übernimmt die heutige Kunstvermittlung gesellschaftspolitisch relevante Aufgaben, wenn sie Museumsbesucher dazu anregt, sensibler zu werden, eigene Ideen zu entwickeln und das selbst Erfahrene differenziert auszudrücken. Zugleich entfernt sich das Museum damit von seinem ursprünglichen Charakter. So war es, zumindest der Idee nach, der Ort, an dem die Werke rein für sich, losgelöst von allen ökonomischen oder instrumentalisierenden Faktoren, als etwas Überlegenes wahrgenommen werden sollten, um sich in ihrem Gehalt zu erschließen. Der Kustos stand ganz klar im Dienst der Werke und der Künstler und empfand Publikum sogar geradezu als Störung, als Gefährdung für die Unversehrtheit der Kunst. Dagegen nimmt der Kurator eine Zwischenstellung ein und versucht sowohl die Werke stark zur Geltung zu bringen als auch das Publikum zu stimulieren. Der Kunstvermittler aber ist eindeutig Anwalt der Besucher. So verwandelt sich das Museum von einer Kultstätte, die den Hervorbringungen großer Künstler gewidmet war, zu einer Institution neben anderen Orten der Inspirationskultur, wo Menschen mit Selbstzweifeln hineingehen und mit Selbstbewusstsein herauskommen.

Systematisch betreiben Kunstvermittler eine Nobilitierung des Rezipienten zum aktiven Kreativen, der sich bestenfalls selbst als Künstler erfahren soll, zumindest aber nicht mehr unterlegen oder eingeengt fühlen darf. Nicht selten begreift man den Rezipienten sogar als denjenigen, der mit seinen Aktivitäten dazu beiträgt, dass sich die Werke überhaupt erst entfalten und vollenden. Auf dem Blog der Kunstvermittlerin Anke von Heyl geht es in einem Beitrag etwa um die Frage, wer eigentlich »auf die Angebote, die ein Kunstwerk macht, entsprechend zu reagieren« vermag. Die Antwort: »Ja, der Besucher hat die Macht. Er kann Kunst vollenden. Was aber, wenn er sich das nicht zutraut? Wenn er den Einstieg nicht findet? Hat der Besucher genügend Selbstvertrauen, sich intuitiv mit seinem Wissen, seiner Persönlichkeit, der Kunst zu nähern. Seinen eigenen Assoziationen zu trauen?«[108]

Damit der Besucher hinreichend Selbstvertrauen bekommt, bedarf es seiner Ermutigung via Kunstvermittlung, ja, braucht es Aktionen, mit denen er sich seiner eigenen Kreativität vergewissern kann. So wird es etwa üblich, die auf Initiative von Kunstvermittlern in Workshops und diversen Veranstaltungsformaten entstandenen Artefakte der Besucher in die Ausstellungen zu integrieren, manchmal sogar im selben Display wie die Exponate zu präsentieren, sodass sich die Urheber als (gleichberechtigte) Künstler erfahren dürfen. Erst recht und zunehmend werden aber die Sozialen Medien dazu genutzt, den Besuchern eine aktivere Rolle zu geben und Beschäftigung mit Kunst als kreative Reaktion auf die Werke zu begreifen. So werden Besucher dazu aufgerufen, Hashtags zu folgen und bestimmte Bildideen zu variieren. Dann sollen sie sich auf übersehene Details konzentrieren oder sich und andere zusammen mit Smartphones so vor Kunstwerken fotografieren, dass es aussieht, als würden deren Protagonisten gerade ein Selfie machen.

Ein Hashtag wie *#museumselfie* ist mittlerweile international erfolgreich, und exemplarisch für heutige Besucherpolitik ist, was man im Helsinki Art Museum antrifft. Dort liegen Zettel aus, auf denen die Besucher eigens zu Selfies aufgefordert werden, mit der Begründung »Make yourself part of art by taking a #museumselfie«. Selfies im Museum verheißen also eine Teilhabe an der Kunst, mit ihnen darf sich jeder für einen Moment als Künstler und Porträtist fühlen. Allerdings ist das auch einfach und bequem gedacht: Man läuft bei einer solchen Aktion nicht Gefahr, irgendjemanden zu überfordern, begnügt sich aber mit einem bloß oberflächlich palliativen Dienst. Doch gibt es auch anspruchsvollere Aktionen und Formate. So trifft man sich zu Instawalks, veranstaltet Tweetups und organisiert – generell – Aktionen, die es den Besuchern erlauben, Werke im Museum durch digitale Aneignung mit ihrer Lebenswelt zu verknüpfen. Sie lernen, sie zur Kommunikation zu verwenden, sie als Anlass und Legitimation für eigene Bildideen zu nehmen und durch sie ihr eigenes soziales Netzwerk weiter auszubauen.

Nach und nach wird erst realisiert, welche Folgen es hat, dass die meisten Museumsbesucher heute dank ihrer Smartphones nicht nur einen Fotoapparat bei sich haben, sondern während des Besuchs auch an die Welt der Online-Netzwerke angeschlossen sind, also nicht für sich alleine durch die Räume gehen, sondern in ständiger Verbindung mit Freunden, Followern und Communities stehen. Allein deshalb sind sie in anderer – diversifizierterer – Weise aktiv als früher, sind aber auch umso motivierter, sich als kreativ zu erweisen.

Entsprechend gerne werden Vorschläge aufgegriffen, was man alles im Museum tun und produzieren kann. Viel Resonanz fand etwa das Amsterdamer Rijksmuseum, als es im Herbst 2015 den Hashtag *#startdrawing* ins Leben rief und den Besuchern nahelegte, Werke mal nicht zu fotografieren oder zum Sujet von Selfies zu machen, sondern sie lieber abzuzeichnen und die so entstehenden

Skizzen und Bilder abzulichten und hochzuladen. Im Kommentar des Museums zum *Instagram*-Foto, mit dem diese Aktion vorgestellt wurde, ist ausdrücklich davon die Rede, man solle der Frage folgen, welches Kunstwerk einen inspiriere, um die erfahrende Stimulation sogleich in ein eigenes Werk umzusetzen.[109]

Man kann sich angesichts zeichnender Besucher an die Frühzeit der Museen erinnert fühlen, als Kopisten und Kunststudenten sich dort in bildnerischer Praxis übten. Nicht zuletzt für sie wurden Museen ursprünglich sogar eingerichtet. Dabei folgte man noch der Überzeugung, große Kunst könne maßgeblich auf die Begabtesten der nächsten Generationen wirken. Es war damit das Privileg einer kleinen Minderheit, im Museum selbst Bilder zu produzieren. Erst infolge des Kreativitätsdispositivs ist es mehr und mehr zur Selbstverständlichkeit geworden, sich Besucher grundsätzlich aktiv vorzustellen. In ihnen sieht man nicht mehr Rezipienten, die sich einseitig etwas vorgeben lassen, sondern Partizipanten, die auf alles, was sie erleben, mit eigenen Ausdrucksformen reagieren und so selbst zu kreativen Akteuren werden. Der Kunstkritiker Hanno Rauterberg brachte es auf den Punkt, als er bilanzierte, das Museum sei »nicht länger nur ein Ort des Betrachtens, es wird zum Ort der Produktion«.[110]

Im Zuge der Verwandlung der Museen in Kreativitätsagenturen ist zu erwarten und zum Teil auch schon zu beobachten, dass die Kunstvermittlung an einer anderen Stelle innerhalb der institutionellen Arbeit ihren Platz bezieht als bisher: War sie lange dem Ausstellen nachgeordnet und galt Kuratoren gar als lästiges Beiwerk, ja, wurden die Vermittler erst aktiv, wenn die Ausstellung schon stand, werden sie zunehmend früher einbezogen und können so auch Einfluss auf Themen und deren Inszenierung innerhalb von Ausstellungen nehmen. Vielleicht geben sie bald sogar, unterstützt von Erkenntnissen der Besucherforschung, den Ton an und legen fest, welche Zielgruppen mit einer Ausstellung erreicht werden müssten. Hier wiederholt sich eine Entwicklung, die analog in der Welt des Konsums stattfand. Machte man sich über das Marketing – die Vermittlung der Produkte – lange Zeit erst nach der Herstellung Gedanken, so stehen inzwischen Überlegungen zu Zielgruppen und Produktinszenierungen sowie Erkenntnisse der Marktforschung an der ersten Stelle im Produktionsprozess.

Einige Künstler vollziehen die Umwandlung der Museen in Kreativitätsagenturen ebenfalls bereits mit. Sie werden dann ihrerseits zu Animateuren, die neben ihren Werken genauso das ausstellen, was das Publikum auf ihre Veranlassung hin geschaffen hat. So ließ der Schweizer Künstler Urs Fischer 2013 für seine Ausstellung »YES« im *Museum of Contemporary Art (MOCA)* in Los Angeles von rund 1500 Laien Tonskulpturen töpfern, die einen großen Raum füllten, auch hier so dargeboten, als sei der Entstehungs- und Aufbauprozess noch voll im Gange.

Da die Urheber der Skulpturen jedoch nicht einzeln genannt wurden, sondern alles unter Fischers Namen präsentiert wurde, darf man annehmen, dass der als Anstifter und Muse fungierende Künstler als eigentlicher Urheber der kreativen Leistung gewürdigt werden wollte, während er in den Laien vielleicht sogar nur Medien seiner eigenen schöpferischen Kräfte sah. Aber vielleicht handelte es sich dabei auch um einen Akt der Selbstbehauptung angesichts der Gefahr, dass Künstler als Initiatoren oder Befreier fremder Kreativität auf bloße Dienstleister reduziert werden und statt großer Werke, die über ihren Tod hinaus Bestand haben, nur Ephemeres wie Gefühle und Atmosphären vollbringen sollen.

Je mehr Kreativität demokratisiert wird, desto weniger geht es insgesamt um Werke mit dem Anspruch auf Dauer. Dazu passt auch, dass mittlerweile bereits ein erheblicher Teil der Werke von Wechselausstellungen und Kunstevents nach Ende der Laufzeit entsorgt wird. Wer an einem hehren Begriff von Kunst festhält und dieser mehr und grundsätzlich anderes zutraut als allem anderen, kann das Kreativitätsdispositiv und seine Folgen daher auch als bedrohlich empfinden. Oder will sich, zumal als Betroffener wie Urs Fischer, nicht dazu durchringen, den eigenen Werkstolz ganz in einen Netzwerkstolz oder einen Musenstolz übergehen zu lassen.

Dabei hatte Leo Tolstoi in seiner Zukunftsvision, in der jeder Mensch Künstler sein und jeder jeden mit Kreativität anstecken wird, alles schon genau prophezeit. Für ihn war klar, dass künstlerische Leistungen dann keinen Wert wie bisher haben können. Vielmehr wird »die Zukunftskunst nicht mehr von berufsmäßigen Künstlern ausgeübt […], die für ihre Kunst bezahlt werden«.

Ist kreative Tätigkeit so alltäglich wie Essen und Trinken, werden sich diejenigen, die jeweils »den Wunsch danach empfinden, […] nur in dem Augenblick damit beschäftigen, da sie das Verlangen danach verspüren«.[111] »Seine Freude und sein Lohn« wird für den Künstler dafür darin bestehen, so Tolstoi weiter, anderen Menschen seine eigenen schöpferischen Kräfte »übermitteln« zu können.[112] Wechselseitig steckt man sich immer neu an, und insgesamt gerät die Gesellschaft in einen kreativen Flow, der – das ist das Ziel von Tolstois Zukunftsvision – die Menschen zu einer großen und starken Gemeinschaft werden lässt. Da nämlich jeder Mensch, der einen »künstlerischen Eindruck« empfängt, »sozusagen in dem Künstler aufgeht«[113] und da jeder Mensch zugleich selbst Künstler ist, »vereinigen« sich letztlich alle immer wieder miteinander und teilen fortwährend Empfindungen, Gedanken, Werte.[114] Aus vielen unerlösten Individuen wird eine erlöste Gemeinschaft.

Epilog: Die Übungen von Julia Cameron und Ignatius von Loyola

Handelt es sich bei der Demokratisierung, der Ökonomisierung und dem Medienwandel um Faktoren, die viel zur Durchsetzung des Kreativitätsdispositivs beigetragen haben, so gibt es zudem mentalitätsgeschichtliche Voraussetzungen für dessen Erfolg. Die großen Begriffe, die dann kaum vermeidbar sind, lauten Säkularisierung und Individualisierung. Dass für viele Menschen jede Idee von Unsterblichkeit, Heilsgewissheit und Transzendenz höchstens noch abstrakt existiert und dass noch viel mehr Menschen ihre Identität als etwas begreifen, das sie sich selbst erarbeiten müssen, statt über eine Familie oder Sippe definiert und darin als Teil eingebunden zu sein, lässt es notwendig erscheinen, das eigene – doppelt ungeschützte – Leben stark zu machen. Um, derart auf sich gestellt, nicht zu verzweifeln, braucht der Einzelne zumindest die begründete Hoffnung, über genügend Kräfte zu verfügen, um den diversen Herausforderungen halbwegs begegnen zu können. Auf das Diesseits reduziert, muss das Leben dennoch irgendwie als sinnvoll empfunden werden, und auch ohne den Stolz, zu einer größeren Einheit zu gehören, muss man genügend Selbstbewusstsein aufbauen. Beides, Sinn und Souveränität, scheint aber am besten dann gewährleistet, wenn das Individuum sich als kreativ erfahren kann.

Die Idee vom kreativen Menschen ist somit eine Beschwörungsformel. Mit ihr gelingt es, das Leben als Individuum erträglich zu machen; vielleicht wird sie auch – wie etwa für Beuys – zum Symbol des Fortschritts, gar der Vollendung des Menschseins. Die Chance auf Transzendenz liegt dann ebenso im Einzelnen selbst wie die Möglichkeit, sich in der eigenen Welt frei zu entfalten. Und was zu anderen Zeiten und in anderen Kulturen als Privileg des Göttlichen angesehen wird, kommt grundsätzlich jedem Menschen zu. Umgekehrt ist es als Zeichen einer starken Geborgenheit der Menschen in Religion und Herkunft anzusehen, wenn man ihnen zumuten kann, sich als Einzelne schwach, schlecht, nichtig zu fühlen, ja, wenn man sie gar eigens zu Übungen in Selbsterniedrigung auffordert.

Über lange Zeit waren solche Übungen weitverbreitet. Die größte Prominenz und Wirksamkeit erlangten dabei die in den Jahren nach 1520 entwickelten *Exercitia Spiritualia* von Ignatius von Loyola, dem Gründer des Jesuitenordens. Das Ziel dieser Exerzitien besteht darin, dem Menschen seine Geschöpflichkeit bewusst zu machen, um ihn ganz auf Gott als seinen Schöpfer auszurichten.

Nur wenn er Gott dient, kann er sich seiner Sünden entledigen und seine Seele von allem Bösen reinigen. Das Programm der Exerzitien umfasst vier Wochen mit unterschiedlichen Übungen und Aufgaben für jeden Tag, wobei etwa der Passionsweg von Jesus oder die sinnlichen Erfahrungen der Hölle mit größtmöglicher Empathie zu vergegenwärtigen sind. Vor allem in der ersten Woche geht es darum, dass der Gläubige lernt, jegliche Selbstachtung abzulegen und sich als durch und durch schlecht und irrelevant zu begreifen. So hat er sich an »alle Sünden« seines Lebens zu erinnern und »dabei Jahr für Jahr und Zeitabschnitt für Zeitabschnitt« zu rekonstruieren. »Mit Hilfe von Beispielen« soll er sich »immer kleiner […] machen«, also vergegenwärtigen, »wie gering ich bin im Vergleich mit allen Menschen«, wie unbedeutend aber erst »im Vergleich mit allen Engeln und Heiligen des Paradieses« und wie nichtig schließlich »im Vergleich mit Gott«. Ferner soll er »alle Verderbnis und Hässlichkeit« seines Körpers in den Blick nehmen und sich »als eine eiternde Wunde und ein Geschwür« betrachten, »woraus so viele Sünden und so viele Schlechtigkeiten und ein so überaus hässliches Gift hervorgebrochen sind«.[115] Nur wem es gelingt, sich vollständig zu »erniedrigen und [zu] demütigen«, der kann »in allem dem Gesetze Gottes unseres Herrn gehorche[n]« und muss nicht mehr fürchten, »irgendein Gebot […] [zu] übertreten«.[116]

Ignatius von Loyolas Exerzitien werden bis heute praktiziert, allerdings meist in abgeschwächten und modifizierten Versionen. Doch selbst dann stehen sie in imposantem Kontrast zu dem Ton, der in diversen Genres von Selbsthilferatgebern vorherrscht. Auch sie sind oft als Programme mit praktischen Übungen angelegt, verfolgen dabei aber immer das Ziel, das an sich und der Welt zweifelnde Individuum mit Selbstwertgefühl aufzuladen und dazu zu bringen, sich als stark und autonom zu erleben. Hier geht es also darum, das Bewusstsein einzuüben, dass man ein wertvolles, großartiges Wesen und im Besitz spiritueller, gar göttlicher Kräfte ist.

Als Antagonist zu Ignatius von Loyola böte sich wiederum Joseph Beuys an, der sogar eine seiner großen Aktionen, *Manresa* aus dem Jahr 1966, als geistliche Übung angelegt und direkt auf den Jesuitengründer bezogen hat. Die Empathie gilt nun aber genauso dem göttlichen Christus wie dem leidenden Jesus, und einmal mehr wendet Beuys die theologisch-dogmatische Botschaft derart, dass er den Menschen ihre eigenen Schöpferkräfte bewusster macht.[117]

Dennoch ist die US-amerikanische Kreativitätsberaterin Julia Cameron ein noch passenderes und angesichts des Stellenwerts von Ratgebern in der heutigen Kultur vor allem repräsentativeres Gegenüber zu Ignatius von Loyola. Ihr zuerst 1992 publiziertes Buch *Der Weg des Künstlers* ist für viele Kreativitätssuchende nämlich ähnlich wichtig, wie es die *Exercitia Spiritualia* lange für viele gottesfürchtige Christen waren. Außerdem ähnelt es seinem Gegenstück darin, dass Cameron Exerzitien entwickelt, die sich in ihrem Fall sogar über zwölf Wochen erstrecken und demjenigen, der sich streng daran hält, nicht weniger als Erlösung verheißen – eine Erlösung zu sich selbst. Dabei blendet sie die Vorstellung eines Gottes und Schöpfers keineswegs aus, bestimmt aber das Verhältnis zwischen ihm und dem Menschen gänzlich anders als Ignatius von Loyola.

Ähnlich wie für Beuys besteht für Cameron die Ebenbildlichkeit des Menschen gegenüber Gott darin, dass er ebenfalls kreative Kräfte in sich hat. Nutzt er sie nicht oder zweifelt er an ihnen, verfehlt er seine Bestimmung: »Die Weigerung, kreativ zu sein, ist Eigenwille und widerspricht unserer wahren Natur.«[118] Sosehr es über Jahrhunderte hinweg als sündhafter Eigenwille des Menschen galt, wenn er sich anmaßte, genauso wie Gott schöpferisch sein zu wollen, sosehr wird es auf einmal also zur heiligen Pflicht erklärt, Blockaden seines kreativen Selbst abzubauen.

Dazu müssen aber erst einmal alle demotivierenden Einschätzungen und Urteile entkräftet werden. Während Ignatius von Loyola seine Exerzitien damit beginnt, dem Übenden noch den letzten Funken an Eigenliebe zu nehmen, fordert Cameron für die erste Woche im Gegenteil »Affirmationen als Selbstverteidigung«; es gehe darum, alle »negativen Glaubenssätze aufzudecken und zu überwinden«, um »ein Gefühl von Sicherheit und Hoffnung zu entwickeln«.[119] Auch in den weiteren Wochen wird in vielen Varianten eingeübt, positiv über sich und das eigene Tun zu denken. Man soll also Sätze wie »Ich bin ein guter Mensch und ein guter Künstler« oder »Meine

Kreativität ist ein Segen für andere« verinnerlichen und damit arbeiten.[120]

Ihre Autorität, anderen genaue Regeln an die Hand zu geben, beziehen sowohl Ignatius von Loyola als auch Julia Cameron daraus, dass sie selbst jeweils eine große Lebenskrise gemeistert haben. War der eine bei einer militärischen Auseinandersetzung schwer verwundet worden, so litt die andere an Alkoholismus. Beide änderten ihre Lebensweise radikal und fingen an, das, was sie für sich selbst als Hilfe bei ihrer Befreiung aus der Krise erfahren hatten, als Heilsweg auch für andere Menschen zu propagieren. An dieser biografischen Parallele dürfte es zudem liegen, dass sich beide Exerzitienprogramme, so unterschiedlich ihre Ziele auch sein mögen, darin ähneln, den Menschen letztlich zu Dankbarkeit zu erziehen.

Wer die *Exercitia Spiritualia* hinter sich gebracht hat, soll das unbedingte Bedürfnis verspüren, all das, was er der Liebe und Gnade Gottes zu verdanken hat, diesem zurückzugeben: »Nimm hin, o Herr, und nimm auf alle meine Freiheit, mein Gedächtnis, meinen Verstand und meinen ganzen Willen, alles, was ich habe und was ich besitze; du hast mir dies gegeben, dir, Herr, erstatte ich es zurück; alles ist dein, verfüge ganz nach deinem Willen.«[121] Wer sich auf den *Weg des Künstlers* begeben hat, soll seine Kreativität ebenfalls als »Gottes Geschenk« zu empfinden lernen – und ihre Entfaltung als »das Geschenk, das wir an Gott zurückgeben«.[122]

Doch anders als Ignatius von Loyola bringt Cameron Gott nur ins Spiel, um eine Atmosphäre von Erhabenheit zu erzeugen, in der sich jene Dankbarkeit zu einem Gefühl von Sicherheit und Stärke weiten kann und der Einzelne in sich selbst spirituell-göttliche Energien verspürt. Für Cameron geht es also lediglich darum, »mit der Vorstellung zu experimentieren, dass es einen Großen Schöpfer gibt«. Diese Vorstellung könne »bei der Entdeckung und Wiederentdeckung unserer kreativen Kraft […] Blockaden auflösen«. Ausdrücklich lehnt sie jede weitere Festlegung auf einen »bestimmten Gottesbegriff« und damit eine theologische Ambition ab.[123]

Am Ende der zwölf Wochen ist aus einem ungenügenden Individuum bestenfalls ein freier, selbstbewusster, vitaler Mensch geworden, der sich als Teil eines kreativen Kosmos erfährt. Die Idee der Kreativität hat dann über die Krisen hinweggeholfen, die dem in einer gänzlich diesseitigen Welt auf sich gestellten Menschen jederzeit drohen. Dieselbe Idee kann aber auch neue Belastungen und Engpässe zur Folge haben, was Cameron jedoch völlig ausblendet. So suggestiv es sein mag, sich »das Universum als ein riesiges Meer der Kreativität« vorzustellen, »in das ich eingetaucht und von dem ich geformt bin«,[124] so wenig genügt es oftmals, um auch in der Praxis das gewünschte Maß an Kreativität zur Geltung zu bringen. Vielmehr bleibt der Mensch fortwährend auf Inspiration angewiesen – und spürt selbst dann, wenn er sie erhält, viel häufiger die Begrenztheit seiner Möglichkeiten, als er diese überzeugend zu nutzen vermag.

Daher gehören die Konzepte, die dem Menschen so viel Kreativität zusprechen, dass es scheint, er bedürfe keiner externer Kräfte und Anregungen mehr, zu den folgenreichsten Illusionen der Gegenwart. Sie schüren Defizitgefühle und Versagensängste, verhindern aber auch, dass all das, was inspirierend und bereichernd wirkt, eine angemessene Würdigung erfährt. Gestünde man ein, unter dem Kreativitätsdispositiv in einer vielfältigen Inspirationskultur zu leben, verkrampfte man sich nicht bei dem Versuch, alles Wertvolle nur in sich selbst zu finden. Und man träte nicht länger bloß als anspruchsvoller Konsument auf, der Kreativität zum Handelsprodukt werden lässt. Vielmehr machte man sich etwa Gedanken darüber, was es bedeutet, dass Künstler zu Musen und Museen zu Inspirationsanstalten geworden sind.

Statt einer erhaben-vagen Form der Dankbarkeit, die, wie bei Julia Cameron, nur ein schönes, aber auch ziemlich egozentrisches Gefühl bleibt, könnte man sich dann denjenigen gegenüber dankbarer zeigen, die viel leisten und selbst vielleicht sogar auf einiges verzichten, um andere zu inspirieren. Bruce Naumans »Self-Portrait as a Fountain« könnte dabei als Merkbild dienen: Es erinnert daran, wie sehr die Menschen gerade in einer Kultur, in der sie besonders stolz auf ihre eigene Kreativität sind, Quellen der Inspiration und damit andere Menschen – darunter nicht nur Künstler – benötigen. Wenn es so etwas wie eine jeweils eigene Kreativität gibt, braucht man dafür also keinen Gott zu bemühen. Besser wäre es, darauf zu achten, wem das, was einen antreibt, zu verdanken ist. Dann wird man es vielleicht auch als große

Aufgabe empfinden, etwas zurückzugeben und seinerseits als Quelle dienen zu können. Sosehr die Idee vom kreativen Menschen zuerst nur dazu beitragen mochte, die Individuen zu stärken, so groß ist also die Chance, dass ihre Macht neue Formen von Verbundenheit schafft und zur Schärfung des sozialen Bewusstseins führt. Gerade weil sie den Einzelnen überfordert, kann sie den Zusammenhalt zwischen den Menschen stärken.

Anmerkungen

Prolog: Joseph Beuys und Jonathan Meese streiten über Kreativität

1. Jonathan Meese: *Ausgewählte Schriften zur Diktatur der Kunst*, hg. v. Robert Eikmeyer, Berlin 2012, S. 52 f.
2. Ebd., S. 422, 567.
3. Ebd., S. 567.
4. Ebd., S. 568.
5. Ebd., S. 62.
6. Ebd., S. 546.
7. Ebd., S. 78.
8. Ebd., S. 426.
9. Ebd., S. 542.
10. Joseph Beuys (1985), in: Jacqueline Burckhardt (Hg.): *Ein Gespräch. Joseph Beuys, Jannis Kounellis, Anselm Kiefer, Enzo Cucchi*, Zürich 1988, S. 105.
11. Joseph Beuys (1984), in: Franz Joseph van der Grinten/Friedhelm Mennekes (Hgg.): *Menschenbild – Christusbild. Auseinandersetzung mit einem Thema der Gegenwartskunst*, Stuttgart 1984, S. 103–126, hier S. 106, 108.
12. Rainer Rappmann: »Der Soziale Organismus – ein Kunstwerk. Interview mit Joseph Beuys«, in: Volker Harlan (Hg.): *Soziale Plastik. Materialien zu Joseph Beuys*, Achberg 1976, S. 10–26, hier S. 18.
13. Van der Grinten/Mennekes, a. a. O. (Anm. 11), S. 108.
14. Ebd.

15   Ebd., S. 117.
16   Hans Markus Horst: *Kreuz und Christus. Die religiöse Botschaft im Werk von Joseph Beuys*, Stuttgart 1998, S. 289.
17   Vgl. Franz-Xaver Kaufmann: »Joseph Beuys. Homo Religiosus«, in: Ders.: *Religion und Modernität. Sozialwissenschaftliche Perspektiven*, Tübingen 1989, S. 172–195, hier S. 188–191.
18   Van der Grinten/Mennekes, a. a. O. (Anm. 11), S. 108.
19   Rudolf Steiner: *Einleitungen in Goethes Naturwissenschaftliche Schriften*, Dornach 1987, S. 124.
20   Meese, a. a. O. (Anm. 1), S. 542.
21   Burckhardt, a. a. O. (Anm. 10), S. 157.
22   Meese, a. a. O. (Anm. 1), S. 78, 423, 426.

Die lange Vorgeschichte der Idee vom kreativen Menschen

23   Dorna Safaian: *Über unheilige und verbotene Bilder. Analyse des Bilderverbots und der Legitimität technischer Bilder im Islam*, Karlsruhe 2012, S. 58.
24   Vgl. ebd., S. 68.
25   Platon: *Ion*, 137 f.
26   Zit. n. Erwin Panofsky: *Das Leben und die Kunst Albrecht Dürers*, München 1977, S. 371 f.
27   Joseph Addison: »On the Pleasures of the Imagination« (1712), in: Ders.: *Moral and Humorous Essays*, Edinburgh 1839, S. 112–122, hier S. 119 (»Homer […] has raised the imagination of all the good poets that have come after him«).
28   Ebd. (»Horace […] always rises above himself when he has Homer in his view«).
29   Immanuel Kant: *Kritik der Urteilskraft* (1790), B 28.
30   Ebd., B 192 f.
31   Ebd., B 192.
32   Ebd., B 200.
33   Ebd., B 192.
34   Friedrich Schiller: *Über die ästhetische Erziehung des Menschen in einer Reihe von Briefen* (1795), NA 20 (hg. v. Benno von Wiese), Weimar 1962, S. 377 f.
35   August Wilhelm Schlegel: *Die Gemählde* (1799), Dresden 1996, S. 20.
36   Johann Adam Bergk: *Die Kunst, Bücher zu lesen nebst Bemerkungen über Schriften und Schriftsteller*, Jena 1799, S. 66.

37 Ebd., S. 120, 126.
38 Ebd., S. 133.
39 Leo Tolstoi: *Gegen die moderne Kunst*, Berlin 1898, S. 108.
40 Ebd., S. 110.
41 Ebd., S. 109.
42 Ebd., S. 159 f.
43 Ebd., S. 160.
44 Ebd., S. 161.

Die Durchsetzung der Idee vom kreativen Menschen

45 Andreas Reckwitz: *Die Erfindung der Kreativität. Zum Prozess gesellschaftlicher Ästhetisierung*, Berlin 2012, S. 49.
46 Ebd., S. 52.
47 Edith Hanke: *Prophet des Unmodernen. Leo N. Tolstoi als Kulturkritiker in der deutschen Diskussion der Jahrhundertwende*, Tübingen 1993, S. 209.
48 Reckwitz, a. a. O. (Anm. 45), S. 9.
49 Beuys, a. a. O. (Anm. 10), S. 154.
50 Beuys, in: Harlan, a. a. O. (Anm. 12), S. 21 f.
51 Franz Erhard Walther: »Gedanken zur Wahrnehmung von Kunst«, in: Germano Celant (Hg.): *Ars Povera*, Tübingen 1969, S. 174.
52 Julia Cameron: *Der Intensivkurs zum Weg des Künstlers*, München 2007, S. 8.
53 David Kelley/Tom Kelley: *Kreativität und Selbstvertrauen. Der Schlüssel zu Ihrem Kreativbewusstsein*, Mainz 2014, S. 27.
54 Karl-Heinz Brodbeck: *Mut zur eigenen Kreativität. Wie wir werden, was wir sein können*, Freiburg 2000, S. 24 f.
55 Marion von Osten: »Unberechenbare Ausgänge«, in: Gerald Raunig/Ulf Wuggenig (Hgg.): *Kritik der Kreativität*, Wien 2007, S. 103–117, hier S. 107.
56 Gerald Raunig/Ulf Wuggenig: »Kritik der Kreativität. Vorbemerkungen zur erfolgreichen Wiederaufnahme des Stücks Kreativität«, in: ebd., S. 9–12, hier S. 9.
57 Simone Mahrenholz: *Kreativität. Eine philosophische Analyse*, Berlin 2011, S. 9.
58 Ulrich Bröckling: *Das unternehmerische Selbst. Soziologie einer Subjektivierungsform*, Frankfurt/Main 2007, S. 154.
59 Ebd., S. 153.

60 Richard Florida: *The Rise of the Creative Class – Revisited*, New York 2012, S. VII (»fundamental economic driver«).
61 Vgl. z. B. Markus Metz/Georg Seeßlen: *Geld frisst Kunst. Kunst frisst Geld. Ein Pamphlet*, Berlin 2014, S. 52, 71.
62 Isabell Lorey: »Vom immanenten Widerspruch zur hegemonialen Funktion. Biopolitische Gouvernementalität und Selbst-Prekarisierung von KulturproduzentInnen«, in: Raunig/Wuggenig (Hgg.), a. a. O. (Anm. 56), S. 121–136, hier S. 123.
63 Gerald Raunig: »Kreativindustrie als Massenbetrug«, in: ebd., S. 67–78, hier S. 74.
64 Alain Ehrenberg: *Das erschöpfte Selbst. Depression und Gesellschaft in der Gegenwart* (1998), Frankfurt/Main 2008, S. 15, 20.

Die Inspirationsbedürftigkeit des kreativen Menschen

65 Vgl. Kai-Uwe Hellmann: »Der Zauberstab: ein Quell der Freude für jede gute Hausfrau. Soziologische Reflexionen zum Verhältnis von Konsum und Kreativität«, in: Dirk Hohnsträter (Hg.): *Konsum und Kreativität*, Bielefeld 2015, S. 165–193.
66 Vgl. Wolfgang Ullrich: *Alles nur Konsum. Kritik der warenästhetischen Erziehung*, Berlin 2013, v. a. S. 85–105.
67 Paula-Irene Villa: »Ökonomisierung der Bildung: ›Wer einfach mal abhängt, macht sich verdächtig‹« (2015), auf: http://www.spiegel.de/schulspiegel/oekonomisierung-der-bildung-interview-mit-paula-irene-villa-a-1017767.html.
68 Grant McCracken: *Culture and Consumption. New Approaches to the Symbolic Character of Consumer Goods and Activities*, Bloomington 1988, S. 104–117.
69 Günther Anders: *Die Antiquiertheit des Menschen. Über die Seele im Zeitalter der zweiten industriellen Revolution* (1956), München 1994, S. 21–95.
70 Melanie Kurz: *Handwerk oder Design. Zur Ästhetik des Handgemachten*, Paderborn 2015, S. 253.

Künstler als Musen

71 Rosa Park (2015), auf: http://www.freundevonfreunden.com/interviews/rosa-park-rich-stapleton (»My sources of inspiration are constantly in flux but tend to be very visually orientated. Recently I have been finding inspiration in the work of Agnes Martin, Sugimoto and Fred Sandback.«).

72 Stephanie Merritt: *Die heilende Kraft der klassischen Musik. Eine Entdeckungsreise zu mehr Kreativität und Lebensenergie*, München 1998, S. 52, 43 u. ö.

73 Günter Silberer/Bernd-Holger Köpler/Jens Marquardt: *Kommunikation mit Kunst im Unternehmen*, Frankfurt/Main 2000, S. 183. – Zu diesem Topos vgl. Wolfgang Ullrich: *Tiefer hängen. Über den Umgang mit der Kunst*, Berlin 2003, S. 116 f.

74 Edgar H. Schein: »The Role of Art and The Artist«, in: Organizational Aesthetics 2/1 (2013), S. 1–4 (»Art and artists stimulate us to see more, hear more, and experience more of what is going on within us and around us«; »the artist can stimulate us to broaden our skills, our behavioral repertory, and our flexibility of response«; »the role of the arts and artists is to stimulate and legitimize our own aesthetic sense«; »the artist puts us in touch with our creative self«).

75 Wilhelm Heinrich Wackenroder: *Herzensergießungen eines kunstliebenden Klosterbruders* (1797), Stuttgart 1997, S. 75.

76 Michel Houellebecq: *Unterwerfung*, Köln 2015, S. 32.

77 Sarah Thornton: *33 Künstler in 3 Akten*, Frankfurt/Main 2015, S. 320 f.

78 Katarina Waldenstrom (2015), auf: http://www.katarinawaldenstrom.com/the-journal/kw-woman-therese-alshammar.

79 Sebastian Preuss: »Der Kunst-Paulus. Von der Lust am Jetset zur Leidenschaft für die Moderne. Der Fall Flick«, in: Berliner Zeitung vom 18. September 2004, S. M 01.

80 Silke Scheuermann: *Shanghai Performance*, Frankfurt/Main 2011, S. 108–110.

81 Lady Gaga (2012), zit. n. http://www.fan-lexikon.de/musik/news/lady-gaga-will-mit-ihrer-musik-nur-unterhalten.136159.html.

82 Vgl. Rainer Maria Holm-Hadulla: »Therapeutische Aspekte der Kreativität«, in: Anna Maria Kalcher/Karin Lauermann (Hgg.): *Die Dynamik der Kreativität*, Salzburg 2014, S. 69–76.

Vom Werkstolz zum Netzwerkstolz

83   Dieter Haselbach/Armin Klein/Pius Knüsel/Stephan Opitz: *Der Kulturinfarkt. Von allem zu viel und überall das Gleiche. Eine Polemik über Kulturpolitik, Kulturstaat, Kultursubvention*, München 2012, S. 12.
84   Bazon Brock (Hg.): Musealisierung als Zivilisationsstrategie, Karlsruhe 2009, S. 41.
85   Reckwitz, a. a. O. (Anm. 45), S. 114.
86   Boris Groys: »Kunstarbeiter: zwischen Utopie und Archiv«, in: Schweizer Monat Nr. 1023 (2015), S. 70–77, hier S. 72.
87   David Hockney, in: Martin Gayford: *A Bigger Message. Gespräche mit David Hockney*, Bern 2012, S. 88.
88   Vgl. z. B. http://jeremysutton.com/inspired-by-hockney.

Rebloggen als Kulturtechnik des Kreativitätsdispositivs

89   http://vivian-fu.tumblr.com/post/61673884428/sometimes-i-look-at-all-the-work-around-me-and-im.
90   Im Folgenden Zitate einer Umfrage, die vom Autor 2015 bei Usern von *Tumblr* durchgeführt wurde.
91   http://minorgods.tumblr.com (»It's a place for me to gather images I like and am inspired by«).
92   http://herrensauna.tumblr.com.
93   http://hldky.tumblr.com (»like a pinboard where I share inspirations«).
94   http://mexiranger.tumblr.com (»I only get on tumblr when I'm bored or when I want inspiration«).
95   http://mitchpeter.tumblr.com.
96   http://i-d.vice.com/de_de/article/tony-futura-nimmt-mit-seinen-photoshop-collagen-die-popkultur-auf-die-schippe-389?utm_source=idfb.
97   http://www.thisisjanewayne.com/news/2015/03/18/welt-de-hat-einen-artikel-uber-meinen-instagram-account-geschrieben.
98   Annekathrin Kohout (2015), auf: https://sofrischsogut.wordpress.com/2015/07/05/kick-off-bilder.
99   Vgl. Wolfgang Ullrich: »Bilder zum Vergessen. Die globalisierte Industrie der ›stock photography‹«, in: Andreas Baur/Ludwig Seyfarth (Hgg.): *Recherche – entdeckt! Bildarchive der Unsichtbarkeiten*, Katalog zur 6. internationalen Foto-Triennale Esslingen, Frankfurt/Main (Revolver Verlag) 2004, S. 49–55.

Öffnen, um zu inspirieren

100 Vgl. z. B. Josef A. Schmoll/Maurice Bémol (Hgg.): *Das Unvollendete als künstlerische Form*, München 1959.
101 Vgl. Wolfgang Ullrich: »Zwischen Erlebnis und Erkenntnis: Gedanken zu alternativen Formen der Sammlungspräsentation«, in: Gudrun Swoboda (Hg.): *Europäische Museumskulturen um 1800*, Band 2, Wien 2013, S. 528–536.
102 http://www.heilmannreedinberlin.de/fileadmin/Downloads/VFN_Presse_Downloads/Heilmann_Reed/ Pressedokumente/ HR_Press_Release_2015-03-05.pdf (»merge with the viewer's imagination«).
103 Philipp Felsch: *Der lange Sommer der Theorie. Geschichte einer Revolte 1960–1990*, München 2015, S. 172.

Museen als Kreativitätsagenturen

104 Yvonne Meyer-Eggenschwiler: *Kunst erleben durch Kunstvermittlung. Projekte und Methoden zum Thema Kunstvermittlung und Museumspädagogik*, Saarbrücken 2008, S. 79.
105 Violette de Mazia: »An Experiment in Educational Method at the Barnes Foundation« (1942), in: John Dewey et al. (Hgg.): *Art and Education. A Collection of Essays* (1954), Collingdale 1978, S. 134–144, hier S. 140 (»the student's curiosity is usually aroused by the unorthodox grouping throughout the gallery of apparently disparate paintings and other works of art«).
106 Ebd. S. 141 (»He discovers their common denominator of broad human values and their common source in human nature«).
107 Ebd., (»... he finds the key to the distinctive harmony of these unconventional but purposive compositions, and is likely in the process to derive a stimulus to creative work of his own«).
108 Anke von Heyl: »Stichwort Partizipation« (2015), auf: http://www.kulturtussi.de/partizipation.
109 https://www.instagram.com/p/93vfIIr8OA (»Which artwork inspires you?«).
110 Hanno Rauterberg: »Unser drittes Auge«, in: Die Zeit 46/2015, auf: http://www.zeit.de/2015/46/fotografie-smartphone-kunst-selfies-museen/komplettansicht.
111 Tolstoi, a. a. O. (Anm. 39), S. 161 f.
112 Ebd., S. 163.
113 Ebd., S. 109.
114 Ebd., S. 168.

Epilog: Die Übungen von Julia Cameron und Ignatius von Loyola

115 Ignatius von Loyola: *Geistliche Übungen*, Regensburg 1922, S. 47 f.
116 Ebd., S. 82.
117 Vgl. Friedhelm Mennekes: *Joseph Beuys. Manresa. Eine Aktion als geistliche Übung*, Frankfurt/Main 1992, v. a. S. 56.
118 Julia Cameron: *Der Weg des Künstlers. Ein spiritueller Pfad zur Aktivierung unserer Kreativität*, München 2009, S. 25.
119 Ebd., S. 69, 65, 70.
120 Ebd., S. 247.
121 Ignatius von Loyola, a. a. O. (Anm. 115), S. 108.
122 Cameron, a. a. O. (Anm. 118), S. 25.
123 Ebd., S. 14.
124 Ebd., S. 23.